MERITOCRACIA

IGUALITÁRIA E JUSTA OU INJUSTA MAS DESEJÁVEL? DESAFIOS E OPORTUNIDADES DA MERITOCRACIA NA GESTÃO DO CAPITAL HUMANO

Marcelino Tadeu de Assis

MERITOCRACIA

**IGUALITÁRIA E JUSTA OU INJUSTA MAS DESEJÁVEL?
DESAFIOS E OPORTUNIDADES DA MERITOCRACIA
NA GESTÃO DO CAPITAL HUMANO**

QUALITYMARK

Copyright© 2014 by Marcelino Tadeu de Assis

Todos os direitos desta edição reservados à Qualitymark Editora Ltda.
É proibida a duplicação ou reprodução deste volume, ou parte do
mesmo, sob qualquer meio, sem autorização expressa da Editora.

Direção Editorial	Produção Editorial
SAIDUL RAHMAN MAHOMED editor@qualitymark.com.br	**EQUIPE QUALITYMARK**

Capa	Editoração Eletrônica
EQUIPE QUALITYMARK	**ALGO MAIS SOLUÇÕES EDITORIAIS**

CIP-Brasil. Catalogação-na-fonte
Sindicato Nacional dos Editores de Livros, RJ

A866m

Assis, Marcelino Tadeu de
Meritocracia : igualitária e justa ou injusta mas desejável? Desafios e oportunidades da meritocracia na gestão do capital humano / Marcelino Tadeu de Assis. – 1. ed. – Rio de Janeiro : Qualitymark Editora, 2014.
196 p. ; 21 cm.

Inclui bibliografia
ISBN 978-85-414-0173-9

1. Cultura organizacional. 2. Desempenho. I. Título.

14-14009
CDD: 306.4
CDU: 392.6

2014
IMPRESSO NO BRASIL

Qualitymark Editora Ltda.
Rua Teixeira Júnior, 441 – São Cristovão
20921-405 – Rio de Janeiro – RJ
Tel.: (21) 3295-9800

QualityPhone: 0800-0263311
www.qualitymark.com.br
E-mail: quality@qualitymark.com.br
Fax: (21) 3295-9824

A ideia de meritocracia pode ter diversas virtudes, mas a clareza não é uma delas.

Arrow, Bowles e Durlauf (2000)

AGRADECIMENTOS

*"Há quem passe pelo bosque e só
veja lenha para a fogueira."*

LEON TOLSTOI

Muitas são as pessoas a quem devo agradecer, direta e indiretamente, por mais um livro. Além da atitude diligente dos profissionais da Qualitymark, capitaneada por Saidul Mahomed, muitos influenciaram o trabalho de pesquisa e as experiências pessoais vividas no campo da gestão de Recursos Humanos, ambiente dentro do qual as discussões sobre meritocracia, recompensas e reconhecimento se apresentam de forma mais clara, quer em seus aspectos filosóficos ou conceituais, quer em programas ou ações.

Agradeço aos alunos, ex-alunos e coordenadores dos cursos de extensão, graduação e/ou de pós-graduação da FEFIS, UFRJ, UGF, FSJ, Trevisan/UCAM, UNIFAL, UCB, FEFIS, FABES, IBRAE-FGV, FacDesco, UniverCidade, Unipê, UniCarioca, Laboro, UNESA e UFJF pelas oportunidades de reflexão sobre gestão de pessoas e, em diversos casos, sobre abordagens que tornam o merecimento individual – em suas diferentes perspectivas – referência para ações de desenvolver, remunerar, recompensar e reconhecer.

Nesse mesmo contexto agradeço aos profissionais que integram o GRUPISA, a WorldatWork, fusão da *American Compensation Association* com a *Global Remuneration Organization*, GES, GEB, NRTS, SSA, InsideOut, RemunerARH, ABRH Nacional e Seccionais, CRA-RJ, Comissão

Especial de Recursos Humanos (CERH) do CRA-RJ, CFA, Escola de Negócios Conexxões e tantas outras instituições profissionais, de ensino, representação, pesquisa e disseminação de conhecimento, em diversos pontos do País – ou fora dele – pelo espaço sempre aberto às oportunidades e aos desafios da gestão. São profissionais que – usando um termo comum na meritocracia – entregam reflexões para a melhoria contínua do ambiente de trabalho e dos processos organizacionais.

Aos professores e pesquisadores do MADE/UNESA pelo 'radar' permanentemente ligado em direção ao ensino, à pesquisa e à aplicação efetiva de conceitos voltados ao desenvolvimento empresarial. Em especial aos professores Dr. Jorge Freitas e Dra. Isabel Costa, pelas oportunidades de discussão sobre meritocracia em diferentes culturas, ambientes e perspectivas. À professora Lívia Barbosa, Phd da PUC-RJ, outro especial agradecimento pela estrada percorrida e pelas portas abertas em direção ao tema. À professora Dra. Irene R. Troccoli, meus agradecimentos pelo apoio inicial em relação às discussões sobre subjetividade e meritocracia.

Aos executivos que, de forma pontual e diligente, concederam entrevistas que trouxeram um aprendizado importante sobre as diferentes maneiras de se observar ou tangibilizar a meritocracia no processo de gestão empresarial, de uma forma geral, ou de gestão de pessoas, em particular. A todos os demais executivos, nos diferentes níveis, com os quais tive a oportunidade de compartilhar diagnósticos e ações nesses mais de 30 anos de atuação no ambiente corporativo, em diversos países, inclusive sobre todas as questões aqui associadas à meritocracia. As oportunidades de acertos e erros foram cruciais. Especial agradecimento a Domingos Bulus, presidente da White Martins para a América do Sul, e Claudio Guimarães, diretor de Recursos Humanos à época em que juntos buscamos alavancar resultados através de ações integradas no campo da gestão de gente.

À família, pilar sem o qual nem este livro se sustentaria. Aos meus pais, Vilma de Assis e Geraldo de Assis Neto, *in memoriam*. À minha esposa, Vânia, e à minha filha, Aymê Assis, sem as quais o dia a dia seria algo sem significado. À minha irmã Mônica de Assis, pelo espaço cada vez mais amplo em minha existência; aos muitos que integram esse núcleo *hard* e *soft*, dentro e fora das fronteiras brasileiras e, em muitos casos, além dos limites de parentesco ou de relação familiar. Especial agradecimento a Fernando Raul e à Lúcia Angélica, ambos pela porção de generosidade sempre disponível. Ao primo Saulo Assis – aqui representando todos os demais – pelo muito que faz em agregar permanentemente as partes de um elo maior.

Às pessoas amigas com as quais conto nos momentos de dificuldade e de felicidade, entre elas Valmir Barbosa, Ana Rita Silva, Zé Rômulo da Silva, Ana Maria Esteves, Eleonora Barbosa, Cátia Garcia, Wagner Vianna, André Bezerra, Felipe Junior, Claudio Manfredi, Chico Pereira, Cesar Lessa, Ricardo Ferreira, Carlos Monnerat, Mara Braile, Marcio Pinho, Marcio Dantas, Marcia Cristina, Josué da Silva, Antonio Linhares, Luis Domingos, Silvana Andrade, Reinaldo Xavier, Flávio Murilo, Michel Sphilman, Gilherme Gonçalves, Zé Arnaldo, Carlos Farias e Felippe Lara. Agradecimento especial a Carlos Seabra, André Bezerra e André Garcia pela proximidade e pelos ouvidos sempre atentos. Estou seguro – e muito esperançoso – de que em todos os estágios de suas vidas a meritocracia estará presente nos diferentes formatos, mas sempre em uma perspectiva positiva.

> *"O grande objetivo da meritocracia, em certo sentido, é o de se tornar desnecessária em determinados ambientes."*
>
> MONICA PAIVA

Aos que não puderam ser citados, pelo limitado espaço para os agradecimentos, meu reconhecimento de que a vida ficaria difícil sem a atenção e o entusiasmo de cada um; de que muito mais esforço seria necessário para o enfrentamento dos desafios, dos contratempos e dos paradoxos da vida quotidiana. Parafraseando Tolstoi, meus agradecimentos aos que passam pelo bosque e enxergam muito mais do que lenha para a fogueira.

Por fim, agradeço aos que desejarem reportar-me suas experiências em relação ao tema, bem como as críticas que permitirão um aprimoramento constante deste livro. O email da editora e o meu email particular estão disponíveis para esse contato. Como digo com frequência - porque ouvi durante algum tempo - quem troca ideias muda o mundo!

Marcelino Tadeu de Assis
marcelinoassis@ig.com.br

PREFÁCIO

"Reconhecer o merecimento é um sinal de humildade; sinal de que parte do que precisamos depende da ação de outras pessoas."

CARLOS SEABRA GUIMARÃES

Transitando no meio empresarial e acadêmico, público e privado – particularmente no campo da educação - é notório o crescimento do uso do termo meritocracia, das discussões sobre ações meritocráticas, bem como do sentimento de que os que acreditam e dos que são descrentes estão, em muitos casos, se reportando a fenômemos distintos cobertos por um mesmo guarda-chuva, modelo de gestão, eufemismo ou apenas um neologismo.

É fácil observar o quanto a natureza humana é reduzida em muitas experiências e proposições; o quanto o indivíduo é, nesses casos, equiparado a uma peça insensível de uma engrenagem utilizada para movimentá-lo em qualquer direção a partir de estímulos (normalmente) financeiros, penalidades ou ameaças; o quanto a teoria crítica se faz necessária para observar o que se encontra escondido no discurso e nas ações ditas meritocráticas.

É também fácil observar, por outro lado, o desejo genuíno de criação de um ambiente de trabalho acolhedor por parte de algumas organizações ou equipes de trabalho, isoladamente. O quanto o papel da liderança é potencialmente maior nesses ambientes em que o viés positivo da meritocracia é apresentado ou desejado enquanto marca distintiva; onde recompensas são usadas para partilhar, compartilhar resultados, e não para induzir – de forma simplista - o comportamento humano como em experiências de Skinner ou dos gestores behavioristas.

A questão apresentada por Oppenheim e destacada na capa deste livro – se a meritocracia pode ser ao mesmo tempo igualitária e justa e injusta, mas desejável – oferece ao leitor um longo caminho para novas buscas em direção a novos aprendizados ou – como prefere o autor deste livro – para novos desafios e novas oportunidades de reflexão, de aprendizado, de erros e de acertos ao longo da trajetória de cada um de nós.

É possível – quem sabe – que este livro permita a cada um de nós refletirmos sobre a ideia central da meritocracia em cada um dos contextos em que o termo usualmente aparece, que perpassa o discurso e é intencionado por autores, gestores e organizações; o que pode ser prometido e quais os limites do que – pelo menos em teoria – se espera em qualquer dos casos concretos, dado um determinado conjunto de crenças, costumes e valores.

É possível ainda que entre as virtudes da meritocracia não encontremos a clareza, salientada no início desta obra. É meu desejo, de qualquer forma, que este trabalho sobre o tema contribua muito para os estudos que vêm sendo realizados no Brasil, na academia e nos organismos empresariais. É meu desejo que este livro, que consolida muitas reflexões sobre ambientes meritocráticos, possa ser útil para reforço da teoria e de práticas positivamente distintivas.

Diferentes entendimentos sobre meritocracia podem auxiliar na compreensão de diferentes estágios ou a aplicação de conceitos de merecimento em diferentes culturas. Essa visão plural pode auxiliar no aprimoramento das práticas e no reconhecimento dos limites do que seja isenção em cada um dos casos. Esta obra é mais uma oportunidade para discutirmos sobre preconceitos e em que medida preconceitos afetam a meritocracia.

Vânia Claudia Fernandes, D.Sc.
Pesquisadora, professora do curso de Pedagogia
Coordenadora do Observatório da Laicidade na Educação (OLE)

APRESENTAÇÃO

> *"Se a jornada está fácil, cuidado! Você pode estar indo ladeira abaixo."*
>
> GREG TAUNT

Igualitária e justa e, ao mesmo tempo, injusta, mas desejável? Este é mais um livro em que procuro compartilhar reflexões e estudos sobre um tema que acredito ser relevante e fortemente associado à gestão de pessoas: a meritocracia. Ao contrário dos livros anteriores, em que a experiência pessoal foi o guia mestre para remuneração, benefícios, incentivos financeiros e indicadores de gestão em RH, este foi iniciado por um estudo sobre o tema, complementado com entrevistas semiestruturadas com executivos que atuam em expressivas organizações no Brasil, contextualizadas com os mais de 30 anos em que atuo no ambiente corporativo.

O trabalho de pesquisa tomou como base o que nos meios acadêmicos é chamado de abordagem qualitativa, normalmente aplicável às situações-problema ou fenômenos nos quais se observa relativa imprevisibilidade, provisoriedade, transição e mudanças sociais e psíquicas. Situações em que tal abordagem se presta a buscar o aprofundamento de temas imaturos[1], em que a teoria disponível se apresenta imprecisa, inadequada, incorreta ou mesmo tendenciosa, termos imersos no contexto da meritocracia ou da gestão de pessoas de forma geral.

Caracterizada por investigar dúvidas e indefinições, mais do que certezas, a pesquisa *quali* permite trazer à tona processos sociais ainda pouco examinados[2], relações inseparáveis entre o pensamento, a compreensão, a percepção e a realidade entendida ou descrita por um conjunto amplo de indivíduos; entre a ação de homens e mulheres enquanto sujeitos ativos no processo de construção, significação e de ressignificação, entre o mundo objetivo, lógico e racional e a subjetividade do objeto ou do indivíduo a ser pesquisado.

Além de contemplar a subjetividade de forma mais explícita, a abordagem qualitativa é valorizada no campo da administração, em geral, ou da gestão empresarial, em particular, tendo caído como uma luva em relação à meritocracia, tema que frequenta um universo de significados, de representações, de crenças, de valores e de atitudes; um tema que exige ser aprofundado, tendo em vista um viés nem sempre fácil de ser comprendido ou facetas não suficientemente exploradas nas interações sociais[3].

A abordagem *quali*, conforme salientou Minayo, é caracterizada pela empiria e pela sistematização progressiva do conhecimento até a compreensão da lógica interna do grupo ou do processo em análise, é a que se aplica à investigação das relações, das representações humanas, das crenças, das percepções e das opiniões, produto das interpretações que fazemos a respeito de como vivemos, construímos nossos artefatos e a nós mesmos; de como compreendemos, por exemplo, a meritocracia no ambiente organizacional.

> *"Se todos os homens recebessem exatamente o que merecem, ia sobrar muito dinheiro no mundo."*
>
> MILLÔR FERNANDES

Esse entendimento inicial metodológico – aqui compartilhado – foi essencial para questões que precisavam ser esclarecidas ou, pelo menos, apresentadas em seus diferentes formatos: o que é meritocracia na visão de executivos de RH? O que caracteriza a meritocracia no contexto organizacional e nos diferentes subsistemas ou processos da gestão do capital humano? Qual o papel da avaliação de desempenho no processo de identificação do merecimento individual e na condução de ações dele derivadas? Quais mecanismos de recompensa e de reconhecimento, financeiro e não financeiro, estão vinculados à meritocracia? De que forma a meritocracia traz facilidades ou impõe dificuldades às diferentes maneiras de se recompensar e reconhecer? O que distingue a meritocracia daquilo que não é ou não deveria se apresentar como meritocrático? Quais os próximos passos da meritocracia? O que não é, por outro lado, meritocracia?

Assim, para explorá-la dentro dos desafios inicialmente propostos, o conteúdo foi dividido em cinco partes, cada uma delas com o propósito de compartilhar uma peça de um complexo – e ainda incompleto – quebra-cabeça, inserido no imaginário de profissionais de Recursos Humanos e de lideranças em todos os níveis; um jogo que se encontra imerso na cultura, nos programas e políticas, apoiado na dinâmica das organizações públicas e privadas, locais, nacionais ou globais, muitas vezes como parte de uma estratégia que tenta estabelecer o 'caminho das pedras' no quotidiano da gestão de pessoas em diferentes organizações, com diferentes propósitos.

Vencida a rápida introdução que faço sobre o tema, apresento a meritocracia a partir da perspectiva do criador do termo, Michael Young, em 1958, e da sátira por ele construída no período imaginário de 1870 a 2033. Compartilho nesse momento estudos com diferentes vieses, a partir de reflexões teóricas, estudos empíricos e ensaios que, acredito, permitirão ao leitor visualizar a meritocracia de diferentes ângulos, tanto no campo da gestão empresarial quanto no da sociologia, da antropologia, da psicologia, da economia, da medicina e até mesmo da biosociologia. Nessa primeira parte compartilho também pesquisas e ensaios publicados na base ANPAD[4] – durante dez anos, bem como na base Scielo.

Estudos de pesquisadores do MIT – *Massachusetts Institute of Technology* – e de outros núcleos de pesquisa foram – de alguma forma – considerados nessa reflexão, em que pese o fato de estarem imersos em outras culturas, pressupostos ou – quem sabe – estágios. Um deles – o de Appold[5] – mereceu especial atenção, na medida em que apresentou um contraponto entre meritocracia e *commodities*, entre meritocracia e organizações centradas no conhecimento. Tais reflexões podem ser úteis aos que buscam contrapontos entre bom e ruim, certo ou errado.

Na segunda parte exploro os termos recompensa e reconhecimento, usualmente conectados à ideia de meritocracia. Demonstro o uso corrente de cada um deles, na literatura, bem como sua adoção isolada, aplicações práticas, vantagens e aspectos potencialmente críticos. Recompensar e reconhecer oferecem diferentes oportunidades à meritocracia, assim como diferentes níveis de dificuldade, conforme os estudos pretendem demonstrar. A expressão 'reco-reco' ou R&R simplifica, por vezes, mecanismos complexos adotados no campo da gestão de RH e associados à mobilização e motivação das pessoas no ambiente de trabalho. As referidas expressões normalmente não capturam a relação imediata de troca – inserida nas recompensas – ou na forma especial de homenagear, de distinguir, próprias do reconhecimento.

Essa segunda parte tem a intenção de levar ao leitor os aspectos objetivos, lógicos e racionais das recompensas, seu conteúdo formal e relativamente explícito, entre outras características apresentadas na literatura, incluindo o foco em resultados predominantemente quantitativos. Nessa parte exploro as características-chave dos mecanismos ou das ações de reconhecimento, incluindo sua subjetividade, forte associação com os valores e crenças da organização – ou daquele que reconhece - além do seu critério preponderantemente discricionário.

Na parte três faço uma revisão geral da gestão de Recursos Humanos e das variadas formas de nomear a área ou a atividade voltada à gestão de pessoas: do capataz ao Departamento Pessoal, da gestão de Recursos Humanos à Gestão de Pessoas; da gestão do Capital Humano à gestão dos Talentos e desta ao segmento de Gente e Gestão. Reforço seu caráter estratégico, particularmente em processos de mudança, ao mesmo tempo em que toco em suas fragilidades, dificuldades ou (pseudo) contradições. Essa reflexão busca levar o leitor a observar a meritocracia, posteriormente, enquanto prática alinhada à cultura e à estratégia organizacional ou apenas como um discurso desconectado ou relativamente vazio.

O isomorfismo mimético[6], que em um primeiro momento cria uma sensação de atualização da organização, de seus programas e políticas, é o mesmo que cria drenos de energia, de tempo ou de dinheiro; ao mesmo tempo em que cria ou pode criar uma sensação de proteção e de blindagem em momentos de incerteza, de indefinição, amplia os vidros finos que separam programas e ações de RH da visão crítica dos colaboradores, em todos os níveis organizacionais, incluindo os gestores de uma forma geral.

Na parte quatro disserto sobre o trabalho de pesquisa realizado com executivos que atuam –ou que atuaram – em organizações que explicitam o termo meritocracia em suas políticas internas, em programas de recompensa e de reconhecimento, em ações envolvendo mobilidade interna, *endomarketing*, desenvolvimento pessoal ou ambiente de trabalho; normalmente organizações que registram o termo meritocracia ou ambiente meritocrático em *sites* na internet e também em vídeos para os empregados. Busco capturar as diferentes visões que a ideia de meritocracia oferece aos executivos entrevistados, incluindo a conexão do termo à parte fixa da remuneração direta e indireta, aos incentivos financeiros de curto e de longo prazo, às oportunidades de aprendizado e desenvolvimento e aos aspectos centrais vinculados ao ambiente de trabalho.

Busco nessa parte do livro levar ao leitor ações ou programas inseridos em ambiente (por vezes identificado como) meritocrático. Registro questões associadas à parte fixa ou variável da remuneração direta, aos benefícios sociais, recreativos ou supletivos (da remuneração indireta), às diferentes conexões entre meritocracia, educação e desenvolvimento da força de trabalho, bem como nos elementos que podem caracterizar um ambiente acolhedor, desafiador, respeitoso e de intenso aprendizado pessoal e profissional, se é que é possível desconectar essas duas perspectivas.

Essa parte contempla a meritocracia na perspectiva institucional ou corporativa, na perspectiva do ato de recompensar ou de reconhecer, na perspectiva de uma cesta de atributos e condições, na perspectiva da relação de troca de curto prazo, como tentativa permanente, como forma de atender expectativas externas ou demandas da própria organização em termos de gestão do capital humano. Elementos que caracterizam ou que tangibilizam a meritocracia no contexto organizacional também estão presentes nesta parte, juntamente com o papel da avaliação de desempenho e dos mecanismos de recompensa e de reconhecimento.

A parte quatro é encerrada com aquilo que, na visão dos executivos entrevistados, não seria ou não deveria ser considerado meritocracia. O leitor perceberá, conforme salienta a antropóloga, professora e autora Lívia Barbosa, que há mais consenso sobre essa visão negativa do que sobre a aplicação prática ou sobre os elementos que devem distinguir a meritocracia daquilo que não é meritocracia; há mais consenso em relação aos aspectos que devem ser evitados ou abolidos do ambiente do que as premissas ou pressupostos do que deve ser feito e de que forma deve ser feito.

"Quem mata o tempo não é assassino; é suicida."

MILLÔR FERNANDES

Na parte final – a parte cinco - apresento minhas conclusões eternamente parciais sobre o trabalho de pesquisa e sua relação com a literatura, com os ensaios e com as diferentes reflexões sobre meritocracia no contexto organizacional. Tento sintetizar o complexo emaranhado de possibilidades, de oportunidades e de desafios em cada tentativa de responder às questões inicialmente formuladas, buscando preservar a sutileza das diferenças de cada percepção. Como disse Drummond, o poeta, "mundo, mundo, vasto mundo, se eu me chamasse Raimundo seria uma rima e não uma solução".

Homogeneizar a meritocracia no contexto organizacional seria, nesse sentido, uma rima diante de um universo rico e diversificado de entendimentos e possibilidades. Do mesmo modo que pode ser uma rima acreditar que, ainda que sob um mesmo nome – meritocracia – estejamos tratando de um fenômeno igual para diferentes pessoas, ambientes organizacionais, negócios, culturas, níveis de maturidade e de aprendizado. Assim, homogeneizar a meritocracia poderia produzir conceitos mais simples, embora irreais, desprovidos de significados para todos os envolvidos, inclusive – e principalmente – para os leitores deste livro.

Isso não me impediu, no entanto, de formular três visões predominantes (Y, X e Z) em costructos teóricos. Não são definições absolutas, conclusivas ou que fazem parte de fenômenos mutuamente exclusivos. Uma mesma organização pode conviver com os formatos apresentados ou com tantos outros formatos, não tendo o autor deste livro a pretensão de fazer julgamento de valor. Por tudo que vimos, uma mesma liderança, inclusive, pode ser percebida como se utilizando de diferentes abordagens em diferentes contextos. O esforço foi, no entanto, de prover algo de mais palpável ao leitor, deixando-o à vontade para construir seus próprios conceitos, constructos ou referenciais.

Espero que o leitor encontre aqui (suas) respostas, quaisquer que tenham sido suas perguntas iniciais. Não encontrando neste livro, espero que, por outro lado, se depare com novas perguntas, novos caminhos e novas oportunidades de reflexão sobre um tema tão plural e difuso. O título do livro, ao resgatar um questionamento de Oppenheim[7], deixa uma pergunta final ao leitor: a meritocracia é igualitária e justa ou, por outro lado, injusta, mas desejável? Pode ser também, de forma ainda mais complexa, igualitária e justa, ao mesmo tempo em que injusta, mas desejável? Outros livros e artigos virão e, certamente, com dados mais consistentes a partir dessa aproximação entre a meritocracia, gestão de pessoas e a visão prática de executivos de Recursos Humanos.

É possível, inclusive, que encontremos na meritocracia algo igualitário e, portanto, injusto; algo por vezes justo, mas indesejável em determinados contextos; injusto, sob determinados aspectos, mas desejável sob determinadas condições. A cada um conforme sua capacidade? A cada um conforme sua necessidade? A cada um conforme (seus) resultados, independentemente de suas capacidades, interesses ou necessidades?

Diversas frases são apresentadas ao longo do livro, ora corroborando uma ideia inserida em determinado contexto, ora uma ideia divergente ou contraditória; ora um comentário aderente com o que pensa o autor deste livro, ora como forma de provocar o *status quo* ou mesmo trazer um contraponto ao que se encontra em discussão; ora para contribuir com o raciocínio e ora apenas para aliviar a leitura intensa e comprometida do leitor.

De forma pretenciosa, de uma maneira ou outra, acredito estar contribuindo para o desdobramento de um dos pontos apresentados pela professora doutora Lívia Barbosa, incansável na busca por revelar ou traduzir a meritocracia em seus diferentes formatos e estratagemas. Outros desdobramentos, no entanto, são ainda necessários como peça de um grande quebra-cabeça. Bem vindos, então, ao ano de 2034!

Marcelino Tadeu de Assis
marcelinoassis@ig.com.br

SUMÁRIO

Agradecimentos	VII
Prefácio	XI
Apresentação	XIII
Introdução	XXIII
Gestão de Pessoas e o Ambiente da Meritocracia	**1**
Meritocracia: Origem e Desenvolvimento	**9**
Origem do Termo Meritocracia: uma Distopia	9
Transformação e Popularidade da Meritocracia	11
Razões Teóricas para Difusão do Termo Meritocracia	14
A Cultura e seu Suporte à Meritocracia	20
Os Vieses Críticos da Meritocracia	26
A Meritocracia e seus Desafios	33
Recompensa e Reconhecimento no Contexto da Meritocracia	**35**
O Uso Combinado dos dois Termos	36
A Recompensa como Sinônimo de Recompensar e Reconhecer	37
A Recompensa como Troca	40
O Reconhecimento como Homenagem	43
Recompensa e Reconhecimento com Visões Distintas	46

A Meritocracia Segundo a Pesquisa ... 49

    A Meritocracia na Visão de Executivos de RH ... 52

    O que é Meritocracia no Contexto Organizacional ... 53

    O que Caracteriza a Meritocracia ... 64

    A Distinção entre Recompensar e Reconhecer na Meritocracia ... 76

    Onde a Meritocracia Encontra mais Dificuldade ... 80

    O Papel da Avaliação de Desempenho na Meritocracia ... 82

    O que não é Meritocracia ... 86

    Dificuldades da Meritocracia ... 91

    Os Próximos Passos da Meritocracia ... 98

Conclusões (Provisórias e Parciais) sobre Meritocracia ... 101

    A Meritocracia pelo Olhar dos Executivos ... 102

    Meritocracia no Contexto Organizacional ... 110

        Visão Y prevalente ... 113

        Visão X prevalente ... 115

        Visão Z prevalente ... 117

    A Meritocracia e as Ações Afirmativas ... 118

    A Meritocracia, as Diferenças e o Merecimento ... 121

    A Meritocracia, Cultura, Sociobiologia e Decisões Estratégicas ... 123

    A Meritocracia Injusta, mas Desejável ... 126

    Recomendações para novos estudos no campo da meritocracia ... 128

Referências ... 131

Citações e Comentários ao Longo do Livro ... 143

INTRODUÇÃO

"A verdadeira amizade é aquela que nos permite falar, ao amigo, de todos os seus defeitos e de todas as nossas qualidades."

MILLÔR FERNANDES

Muitos foram os termos inseridos no ambiente organizacional brasileiro nas últimas décadas, entre os quais os que envolveram reengenharia, qualidade total, gestão por competências, gestão estratégica de recursos humanos, gestão do clima organizacional, responsabilidade social, remuneração por desempenho individual, *outsourcing* e quarteirização, remuneração por habilidade ou competência, universidade corporativa e governança corporativa, ora com conceito determinado e aplicação prática distintiva, ora apenas como onda inovadora[8] ou modismo gerencial.

A meritocracia explicitada por algumas organizações, autores, profissionais de RH e lideranças é, por certo, mais um termo a ocupar espaço de forma intensa em políticas de Recursos Humanos de empresas privadas e públicas, quer por representar algo característico, distintivo, aderente à cultura organizacional e agregador de valor à estratégia organizacional, quer como um termo 'da vez' em uma das 'ondas da modernidade', conforme o leitor terá a oportunidade de se aprofundar ao longo dos cinco capítulos deste livro.

Estudos e pesquisas no campo organizacional, em tese reportando-se à avaliação do desempenho individual – ou de resultados individuais, setoriais ou coletivos – com consequências no salário, na remuneração variável, no desenvolvimento de carreiras, na mobilidade, no deslocamento lateral, em promoções, na concessão de benefícios especiais, vantagens ou mesmo nos desligamentos, apresentam-se ou não com a 'tarja' da meritocracia.

Alguns autores utilizam o referido termo – meritocracia – no sentido de valor, princípio, sistema, filosofia, paradigma ou ideologia; como mecanismo distributivo ou estratégia de gestão; na forma de tese, critério, modelo; uma moda empresarial ou apenas um mito nas organizações e na sociedade, tanto nos Estados Unidos quanto no Brasil; tanto em empresas privadas quanto no âmbito de organizações controladas ou geridas por governos.

> *"A meritocracia é um modelo que remunera de acordo com a performance do profissional. [...] se o profissional trabalha menos acaba tendo uma remuneração menor [...], o que nem sempre agrada as pessoas."*
>
> JOSUÉ BRESSANE

A falta de clareza sobre práticas distintivas a ela associadas, destacadas por Arrow, Bowles e Durlauf[9], faz com que a meritocracia possa também ser identificada apenas como um jeito moderno de se designar merecimento individual, em contraponto com a ideia de antiguidade ou em aversão a outros requisitos, variáveis ou condições. Por outro lado, a palavra meritocracia pode também ser omitida em programas, estudos, práticas ou pesquisas, mesmo quando o tema envolve remuneração direta ou indireta, incentivos financeiros de curto e de longo prazo, premiações, recompensas, gestão do desempenho, bônus, gratificação, motivação no trabalho, resultados, benefícios, reconhecimento financeiro e não financeiro, desempenho, potencial ou transformação em Recursos Humanos.

Quase escondida na língua portuguesa e ainda pouco utilizada no falar quotidiano[10], a palavra meritocracia pode ser encontrada como sinônimo de justiça, uma forma de reconhecimento pelo esforço – além da rotina normal de trabalho – ou como incremento nos gastos provenientes de concessões associadas ao desempenho, com impacto potencial na satisfação das pessoas.

Relativamente imprecisa no campo da gestão empresarial – ou da gestão de RH, em particular – a palavra meritocracia e suas variações encontram abrigo em questões no campo da sociologia, da antropologia, da educação, da economia e em outras áreas do conhecimento. Na psicologia, por exemplo, a meritocracia pode se apresentar como um dos efeitos de certo modo de ser indivíduo, com traços e atitudes delimitados.

No contexto empresarial a palavra meritocracia pode ser apresentada como uma estratégia para aquisição e aplicação eficaz do fator humano em função do aumento do conteúdo intelectual do trabalho, da importância da inovação, da criatividade e do aumento da competição por talentos em um mundo cada vez mais global, mais dinâmico e complexo[11]. Por esse ângulo, grande consenso é observado sobre a necessidade de uso de critérios meritocráticos, endossando a meritocracia como exigência de uma sociedade democrática[12] em que o *status* social – traduzido por renda, poder e prestígio – é derivado do mérito, base bem definida e mensurável para a seleção de indivíduos que possuem igualdade de oportunidade para desenvolver e dispor de seus valores para crescimento pessoal e profissional.

"Não há talento sem treinamento.

OSCAR SCHMIDT

Na perspectiva da livre competição, ponto importante da ideologia capitalista ou da ideologia do capitalismo contemporâneo, a palavra meritocracia é apresentada como característica de um ambiente que prestigia o merecimento individual em detrimento de outros aspectos não meritórios, tais como origem familiar, credenciais acadêmicas, idade, gênero, raça/cor e relações pessoais. Nessa perspectiva, a meritocracia seria legitimada por critérios não adscritivos, fundamentando a distinção em função dos desempenhos diferenciais de cada indivíduo[13].

Como parte desse discurso, a meritocracia é acusada de desperdiçar recursos humanos e de proteger o baixo desempenho; de ser útil à produção de *commodities,* mas inadequada e contraproducente em organizações baseadas no conhecimento, uma vez que tais organizações demandariam trabalhos mais complexos, exigiriam elevada interação pessoal e uso de competências múltiplas, além da necessidade de transformação, inovação e diversidade, diversamente da meritocracia, que teria como propósito 'preservar o *status quo*'[14].

Nessa linha de raciocínio - como ideologia legitimadora[15] - proveniente de autodeclaração da organização, a palavra meritocracia pode aparecer como algo que produz uma cortina de fumaça capaz de esconder privilégios, homologar, reforçar ou consolidar aspectos não meritocráticos e um estilo de gestão que desestimularia ações coletivas e integradas ao privilegiar e recompensar, de forma aparentemente distorcida, castas ou grupos internos de interesse e de proteção recíproca no ambiente empresarial[16].

A meritocracia seria, então, adotada para expor pessoas, mascarar a discriminação ao gênero feminino, à raça negra, às minorias em geral, entre tantas outras situações de iniquidade, como se o mecanismo sócio-cognitivo que define os efeitos do individualismo e da competição no preconceito precisasse de uma justificativa social e econômica dos grupos para a crença de que as pessoas recebem o que merecem, crença que suportaria a meritocracia e as ações dela decorrentes ou por ela justificadas. A meritocracia seria, por assim dizer, um eufemismo que associaria recompensa ao mérito; um retrocesso social que buscaria a refeudalização do mercado de trabalho ou se apresentaria como uma forma especial e diferente de nepotismo que resulta do bom desempenho e mérito dos descendentes, também chamada de nepotismo meritocrático[17].

Mesmo entre os que acreditam no consenso em torno da palavra enquanto princípio, paradigma ou ideologia, muitas seriam as dificuldades da meritocracia como aplicação prática. A definição do termo, de sua abrangência e limitação, a dependência de um entendimento sobre merecimento, sobre as formas de mensuração desse merecimento, possivelmente integrariam variáveis ainda complexas e relativamente imprecisas enquanto uso efetivo no contexto organizacional[18]. A meritocracia também seria vista como algo estranho à cultura administrativa brasileira[19], pela dificuldade em se garantir imparcialidade nas promoções, nos aumentos salariais e nas recompensas, bem como para a justiça na concessão de privilégios ou de reconhecimento.

Dificuldade adicional estaria também no fato de a meritocracia, mesmo enquanto valor, também se achar associada ao tempo de serviço, tempo na função ou no cargo, além de entremeada com questões de ordem moral, como dedicação, fidelidade à organização ou a determinados gestores, relações pessoais e políticas[20], normalmente consideradas personalísticas[21].

Levantamento preliminar por mim realizado não identificou estudo sobre a caracterização da meritocracia no campo da gestão de Recursos Humanos, sua abrangência e, eventualmente, seus limites nas organizações que explicitam o referido termo, embora exista indicação de que a meritocracia pode ser caracterizada por relações entre metas e premiações, resultados e recompensas, atitudes, comportamentos individuais, benefícios e reconhecimento. Também não foram identificados trabalhos que tenham capturado a percepção dos executivos de Recursos Humanos, em posições estratégicas – gerentes, diretores e vice-presidentes – sobre meritocracia enquanto prática efetiva, conjunto de ações no campo da gestão de pessoas ou programas distintivos e associados às diferentes formas de recompensar e de reconhecer.

> *"A lei, em sua majestática igualdade, proíbe que qualquer homem more embaixo de pontes, durma na rua e roube pão. Isso se aplica tanto aos ricos como aos pobres."*
>
> **ANATOLE FRANCE**

Para suportar o entendimento sobre a carência de textos, ensaios, artigos, trabalhos e reflexões sobre o tema, foram pesquisados 866 artigos dos EnANPADs[22], vinculados à gestão de pessoas, além de 173 trabalhos publicados na base Scielo, também sobre Gestão de Recursos Humanos, não tendo sido identificado estudo sobre o tema objeto deste livro.

Embora amplamente utilizado, o termo meritocracia carece de um conceito que permita melhor definir o que é e que não é – do ponto de vista prático – meritocracia no âmbito das organizações ou, por outro lado, o que distingue o processo de gestão de pessoas quando a organização explicita o referido termo como um dos postulados das políticas envolvendo gestão do capital humano. Levantamento realizado em artigos publicados na ANPAD e na base SCIELO sugere que nada foi escrito sobre meritocracia no contexto organizacional sob a perspectiva de executivos de Recursos Humanos, dentro das diversas chaves para seleção ou coleta de dados nos artigos publicados.

Na base de dados da ANPAD, em todos os grupamentos/categorias, apenas quatro trabalhos apresentaram a palavra 'meritocracia' no título e, de alguma forma, no conteúdo. São trabalhos que tomaram por base critérios de acesso de candidatos ao serviço público[23], o papel da educação formal na sociedade[24] e uma análise do plano de cargos e carreiras do Judiciário cearense[25]. O que seria outro trabalho, sobre 'Acesso e uso da TI e o Exame Nacional do Ensino Médio (ENEM): a meritocracia na desigualdade', de 2008, este apresentou a palavra meritocracia apenas no título, sem menção ao termo ao longo do estudo.

> *"We overestimate the advantages of meritocracy and under appreciate its costs, because we don't think hard enough about the consequences of the inequality... And my proposed solution for correcting the excesses of our extreme version of meritocracy is quite simple:* MAKE AMERICA MORE EQUAL."
>
> CHRISTOPHER L. HAYES

No período de 2001 a 2012, 866 trabalhos foram apresentados nos encontros técnicos da ANPAD, na categoria relativa à Gestão de Pessoas e Relações de Trabalho. Nesse mesmo período, 31 artigos tiveram no título as expressões 'gestão do desempenho', 'avaliação do desempenho' e 'incentivos financeiros' ou as palavras 'recompensa', 'reconhecimento' e 'remuneração', independente da categoria, mas associados à gestão de pessoas. Desses 31 trabalhos, apenas dois citam o termo meritocracia: um deles com o sentido genérico de merecimento[26] e o outro ao mencionar o comentário de um entrevistado sobre o processo de gestão do desempenho no serviço público[27].

Em relação à base Scielo[28], com mais de 418.000 publicações envolvendo diversos temas, 173 artigos científicos foram identificados nas categorias de gestão de Recursos Humanos, gestão de pessoas e administração de pessoal considerando-se as buscas ou acessos por 'título', 'resumo' ou 'assunto', principais opções disponíveis para consulta de trabalhos científicos. Desses 173 artigos, apenas 11 aparecem com as palavras meritocracia, meritocrático ou meritocrática, com diferentes significados e em contextos variados que podem envolver sociedade e estado[29], sociologia e política[30], administração de empresas[31], psicologia e sociedade[32], educação e sociedade[33]. Os três artigos que aparecem associados ao campo da administração de empresas estão vinculados à

Introdução

gestão de pessoas e tratam da diversidade no ambiente de trabalho[34], das diferentes configurações de poder em determinada organização[35] e da pré-seleção de gerentes e executivos a partir de anúncios de jornais[36]. Não apresentam, no entanto, conceitos, definições ou descrição do processo envolvendo a adoção da meritocracia no contexto organizacional.

Na base Scielo há 50 artigos com as palavras 'recompensa', 'recompensas' ou 'recompensar', mas apenas dois desses trabalhos envolvem recompensa e/ou reconhecimento no contexto da gestão de pessoas. Um deles trata da recompensa no contexto das estratégias de bonificação[37]; o outro, da influência das configurações organizacionais sobre valores no trabalho e preferências por recompensa[38]. Nenhum deles, contudo, cita o termo meritocracia, a despeito da consistente reflexão sobre recompensas, incentivos financeiros ou mecanismos formais ou informais de reconhecimento.

Sobre as expressões 'avaliação ou gestão de ou do desempenho' – que em alguns momentos aparecem vinculadas à meritocracia no contexto organizacional – foram analisados 87 artigos científicos, dos quais 15 abordam questões no contexto da gestão de Recursos Humanos, mas apenas um refere-se à palavra meritocracia, embora com o sentido de ser algo que – necessário ao caso estudado pelos autores – não foi capaz de acabar com as práticas de clientelismo e de nepotismo[39] observadas no contexto estudado pelos autores.

Fora da visão funcional da gestão de pessoas – em subsistemas como recrutamento, seleção, treinamento, desenvolvimento, remuneração, gestão do desempenho, administração de pessoal, gestão do clima e afins – ou mesmo do contexto mais amplo da administração de empresas, o tema meritocracia pode ser conectado ou estudado pelo viés da adequação ou não de práticas meritocráticas a uma determinada cultura[40], no âmbito da educação[41], da precarização do trabalho[42], da psicologia[43], das cotas para minorias[44], da discriminação imediata aos negros[45], da mobilidade funcional na área militar[46], das relações estabelecidas de hierarquia e poder[47], do impacto nos sistemas de gestão[48], na orçamentação em função de recompensas financeiras[49] e até mesmo nos aspectos que envolvem (a falta de) qualidade de vida ou seu impacto na saúde pública para negros americanos[50].

Diferentes autores fazem uso do termo meritocracia em situações também diferentes, provavelmente com a suposição de que se trata ou se discute um mesmo fenômeno, conceito ou prática. A amplitude do termo meritocracia permite sua compreensão enquanto sistema social, de um lado, ou como práticas de avaliação do desempenho com reflexos potenciais em recompensa, reconhecimento e desligamento, do outro. Entre essas duas visões – mas conectando-as, de certo modo - a meritocracia é observada como princípio ou mecanismo distributivo, como forma ou processo, estratégia de gestão, valores, cultura ou prática, como tese, critério, modelo, ideal ou princípio de gestão, ação ou resultado de uma ação, forma ou prática de reconhecimento, ideologia, visão, sistema ou princípio; como um mito, relação entre metas e recompensas ou, simplesmente, uma demonstração de dignidade[51].

Embora explicitado por algumas organizações, o termo meritocracia carece de melhor entendimento, conceito ou descrição sobre sua abrangência e limites em termos práticos, na medida em que programas ou práticas aparentemente similares são ou não classificados como imersos no contexto da meritocracia, o que pode sugerir que a meritocracia esteja mais vinculada à forma do que ao conteúdo. Mais associada a uma mensagem subliminar a ser transmitida aos empregados ou ao mercado do que a um conjunto efetivo e distintivo de ações; mais vinculada a um adjetivo, auto atribuído (ou não) do que a um conjunto de práticas ou programas no campo da gestão de pessoas, mais vinculada à percepção dos empregados do que, efetivamente, às ações práticas por parte dos gestores de uma organização.

A PricewaterhouseCoopers (PwC), por exemplo, apresenta estudo no qual destaca que a meritocracia cresce no Brasil e se insere entre os principais desafios do gerenciamento de pessoas[52]. No referido trabalho a meritocracia é apresentada inicialmente como gestão do desempenho e este como um processo que estabelece uma relação entre a estratégia organizacional, as operações do dia a dia e as contribuições dos indivíduos para o sucesso dos negócios. No estudo, que envolveu 51 empresas em operação no Brasil, a palavra meritocracia é destacada para indicar uma associação entre avaliação de desempenho – vista como prática madura, por combinar aspectos quantitativos e qualitativos – e os critérios que devem ser usados nos sistemas de recompensa, reconhecimento e gestão de carreiras, critérios esses que poderiam auxiliar na produção de uma cultura dita meritocrática.

> *"O mundo recompensa com mais frequência as aparências do mérito do que o próprio mérito."*
>
> LA ROCHEFOUCAULD

Introdução

Pesquisa realizada pela Towers Watson[53], com 1.176 profissionais de recursos humanos que possuem responsabilidade predominantemente sobre as áreas de remuneração, benefícios e gestão de talentos, não explicita a palavra meritocracia, embora também indique ações vinculadas ao merecimento individual, ao alcance ou superação de metas ou resultados corporativos, individuais ou não, quantitativa ou qualitativamente. São temas ou vieses normalmente associados à meritocracia, conforme sugerem Barbosa[54], Castilla[55] e Castilla e Benard[56]. A pesquisa observa, entre outros aspectos, aumento nas verbas destinadas ao crescimento dos salários em função do desempenho individual, assim como diferenças expressivas em relação aos aumentos aplicáveis aos empregados com maior e menor desempenho, sem se referir à meritocracia como ideia, normalmente apresentada como algo que privilegia o desempenho e suas consequências em termos de recompensa e de reconhecimento.

Segundo tal pesquisa, o mercado de trabalho no Brasil é mais competitivo e os orçamentos para aumentos salariais são maiores do que os observados em outros países. Por essa razão, as empresas estariam limitando os aumentos por mérito[57] para colaboradores de desempenho médio, permitindo que aumentos mais expressivos sejam dados exclusivamente aos colaboradores de alto desempenho, o que reforçaria – pelo menos em tese – o contexto ideal para uso da palavra meritocracia. Em relação aos empregados cujo desempenho variou entre os que 'não atenderam' e os que 'superaram muito' as expectativas, os percentuais de aumento individual em função do mérito variaram de forma expressiva, entre 0,7% e 10,9%. Aparentemente, tais descrições poderiam sugerir uma abordagem meritocrática, caso essa consultoria tivesse a intenção de usar o referido termo, tal como apresentado anteriormente.

> *"O presidente não quer ter em torno de si auxiliares que só saibam concordar. Quando ele disser 'não' todos devemos discordar."*
>
> ELIZABETH DOLE,
> Assistente do Presidente Reagan

O estudo da consultoria citada salientou que empresas diferenciam os incentivos financeiros em função do desempenho de cada empregado, individualmente, sendo considerado de 'alto desempenho' aquele profissional situado entre os 10% melhores. Adicionalmente, registra que os altos salários iniciais e grandes aumentos de salário, "necessários para atrair e reter talentos em mercados que crescem rapidamente, têm criado problemas internos de equidade e governança" corporativa, a despeito provavelmente da inadequação das práticas meritocráticas à cultura administrativa brasileira prevalente, às mais de sete décadas da CLT ou à dificuldade para mensurar o mérito e atribuir igual recompensa à igual desempenho.

As diferenças nos incentivos financeiros e o processo de avaliação de desempenho não atraíram nos estudos citados a palavra meritocracia, mesmo destacando que as organizações que apresentam melhores práticas procuram manter uma relação clara entre o desempenho dos seus empregados e sua remuneração; mesmo considerando que elas – as organizações se apoiam em práticas consideradas adequadas no estudo - comunicam o valor do pacote de recompensa total[58] de cada empregado por meios tradicionais e inovadores, como relatórios e sites internos, avaliando regularmente as "preferências de seus empregados".

Dados disponibilizados pelo Instituto Brasileiro de Governança Corporativa (IBGC, 2012), a partir dos registros feitos pelas empresas junto à Comissão de Valores Mobiliários (CVM), envolvendo empresas com capital aberto no Brasil, indicam incentivos financeiros para as posições de diretoria em 91,2% das empresas, embora não os batizem de meritocracia. Incentivos financeiros, de curto (ICP) e de longo prazo (ICP), na forma de bônus, participação nos lucros ou resultados, gratificações por desempenho consistente, premiações, opções de ações, ações e afins integram o leque de recompensas baseadas em variáveis normalmente inseridas no discurso corrente sobre meritocracia, esteja ela explicitada ou não.

> *"O caminho de saída de uma encrenca nunca é tão simpes como o de entrada."*
>
> ED HOWE

No caso das empresas com ações em bolsa, no Brasil, as recompensas financeiras previstas giraram em torno de 1,6 bilhão de reais, equivalentes a 67% da remuneração direta total anual dos 1.152 executivos apresentados no relatório. As recompensas baseadas em resultados mensutáveis (variável quantitativa) e no desempenho individual – uma mescla entre aspectos quantitativos e qualitativos – representam 2,7 vezes os salários anuais informados, o que também poderia ser apresentado – mas não o foi - como prática meritocrática, tendo em vista a teórica e – em tese – desejável conexão entre desempenho e recompensas.

Sistemas de recompensas ou de remuneração, vinculados ou não à palavra meritocracia, consideram um leque que pode envolver bônus com metas individuais e corporativas. Em 312 empresas em operação no Brasil, segundo pesquisa da Hay Group[59], os incentivos financeiros de curto prazo cresceram 77,2% entre 2010 e 2011, em empresas nacionais, contra 26,4% observados entre empresas multinacionais, o que pode sugerir, de certo modo, maior presença da visão meritocrática entre empresas brasileiras e para as posições mais elevadas. De acordo com esse estudo, os incentivos financeiros de longo prazo, na forma de ações e opções de ações aos executivos, cresceram mais de 200% entre 2010 e 2012, alavancando os pacotes de remuneração dos executivos que atuam no Brasil.

Nas discussões sobre meritocracia, parte importante dos pacotes de remuneração está vinculada ao alcance de metas que "ficaram cada vez mais agressivas" ou por vezes se provando até mesmo inalcançáveis. Conforme estudo, apenas 38% das companhias pesquisadas pelo Hay Group conseguiram atingir as metas definidas, elementos – metas e resultados - considerados essenciais no contexto da chamada meritocracia. Informações disponibilizadas em veículos de comunicação empresarial de diversas organizações sugerem que o tema meritocracia vem merecendo destaque. Isso ocorreria tanto em relação ao processo de alocação de pessoas nos cargos quanto em relação à progressão funcional ou conquista de recompensas ou de reconhecimento financeiro, o que poderia justificar os resultados do estudo conduzido por Lins, no qual a meritocracia avançaria em organizações instaladas no Brasil.

A AMBEV[60], por exemplo, acredita que um modelo meritocrático é capaz de reconhecer os melhores talentos. Observa ainda que sua filosofia de remuneração está alinhada ao chamado princípio da meritocracia, apoiado em um modelo de negócios que incentiva o crescimento por mérito dos colaboradores. Nove diretores da empresa, dentro desse contexto meritocrático, poderiam receber, em 2012, na forma de participação nos resultados, algo em torno de R$ 11,2 milhões, além de incentivos financeiros de longo prazo (ILP) que giravam em torno de R$ 23,2 milhões, conforme dados disponibilizados pelo IBGC a partir dos relatórios enviados pela própria empresa à BOVESPA / Comissão de Valores Mobiliários (CVM).

*"A única pessoa que gosta de
mudança é um bebê molhado."*

ROY BLITZER

No Itaú Unibanco[61], nesse mesmo contexto, a meritocracia estaria vinculada a uma cultura de alto desempenho, instrumentalizada por um mecanismo simplificado de definição e acompanhamento de metas, considerado elemento de alavancagem dos resultados organizacionais. Os 15 diretores da Itaú Unibanco Holding S/A poderiam receber, em 2012, valor correspondente a R$ 44,5 milhões em bônus, além de R$ 66,4 milhões vinculados a outros mecanismos de remuneração variável, de curto e de longo prazo, conforme dados também disponibilizados pelo IBGC, confirmando – em tese – o viés meritocrático.

O Detran/RJ[62] - órgão vinculado ao governo do Estado do Rio de Janeiro – acreditou ter dado o primeiro passo para a criação de um modelo de meritocracia, no âmbito do Estado do Rio de Janeiro. Para o referido órgão, os incentivos financeiros deveriam ser usados para estimular e recompensar o alcance ou superação das metas organizacionais, critério que estaria sendo usado também por diversas secretarias municipais da capital fluminense, sempre em torno do discurso da meritocracia como algo capaz de mobilizar os trabalhadores em relação aos objetivos estratégicos dos negócios, de alinhá-los em relação a determinados alvos, de mobilizar comportamentos e atitudes frente ao trabalho e aos desafios organizacionais.

A ALL Logística apresentou sua filosofia de gestão em três pilares, sendo um deles o de trabalhar com remuneração variável em um sistema de meritocracia. Ao se reportar aos programas implantados pela organização, entre os quais o de participação nos resultados, o texto salienta que a ideia central é a meritocracia, pois as "pessoas são diferentes, conquistam resultados diferentes e merecem remuneração diferente". Para um executivo da empresa, "os resultados comprovam o sucesso da abordagem" dita meritocrática, pois o "faturamento [...] aponta para uma taxa de crescimento anual média [...] de 25%"[63].

A Light Energia, em seu relatório anual de responsabilidade sócio ambiental, registra que a "companhia desenvolveu seu modelo de Governança Corporativa" reunindo mecanismos "formais e as práticas que geram valor para a Light e seus acionistas". Entre os nove princípios da governança - "para evitar e dirimir conflitos de interesse dentro da organização" – está o da meritocracia, descrito como "valorização das capacidades, comprometimentos, posturas e ações que agreguem valor para a Empresa"[64].

Assim, compreender a meritocracia no contexto organizacional a partir da percepção dos executivos de Recursos Humanos, pode ser particularmente importante aos gestores de pessoas, empresários e administradores em geral. A prática associada à palavra meritocracia, de certo modo ainda imprecisa e difusa, influencia ou pode influenciar o dia a dia das organizações, sua cultura organizacional e seus processos de aquisição, manutenção, desenvolvimento, retenção e desligamento de colaboradores.

Mesmo quando apresentada como um processo no qual o mérito é algo mensurável e, então, (re)compensado, como um caminho que relaciona o desempenho às recompensas, conforme sugerem alguns autores, não há descrição do conceito ou do caminho que, uma vez adotado ou seguido, leva uma organização ao *status* de meritocracia, à implantação de um programa chamado meritocracia ou à eventual e necessária integração de programas ou ações que assegurem uma percepção interna e/ou externa de equilíbrio, de justiça. Desse modo, compreender o que seja meritocracia, através do entendimento dos executivos da área de RH, de organizações públicas e privadas, foi essencial para tentar distinguir a meritocracia daquilo que não é ou que não deveria se apresentar como tal.

A descrição dos atributos e características pode auxiliar, futuramente, no estabelecimento da abrangência ou do limite da meritocracia no contexto empresarial, provendo ainda suporte para o estudo de questões mais complexas e ainda em aberto: se as desigualdades no contexto organizacoinal persistem a despeito dos esforços em promover a meritocracia ou se exatamente pelos esforços meritocráticos[65]. Em outro sentido, se a meritocracia – uma vez identificada e descrita – pode ser considerada igualitária e justa e, ao mesmo tempo, injusta, mas desejável[66]; se a meritocracia é algo com características distintivas ou apenas um modismo gerencial, como sugerido por alguns profissionais.

Por fim, espero que o leitor encontre suas respostas ao final do livro ou, por outro lado, que leve para a casa – e para sua organização – um conjunto ainda mais amplo de indagações.

GESTÃO DE PESSOAS E O AMBIENTE DA MERITOCRACIA

> *"Não há mentira maior do que uma verdade mal interpretada."*
>
> WILLIAM JAMES

O melhor entendimento da meritocracia passa pelo entendimento do papel, abrangência, estratégias e limitações dos processos de gestão de pessoas, gestão do capital humano ou gestão dos recursos humanos de uma organização. Como estratégia de gestão, como programas ou ações isoladas, o fato é que o referido termo ganha – ou pode ganhar – dimensões práticas no âmbito da organização quando vinculado à gestão dos negócios.

A gestão de pessoas integra o conjunto das relações de trabalho e é responsável pela interface entre os agentes que ocupam papéis opostos e complementares no processo de produção econômica. De um lado, os trabalhadores que detêm a força de trabalho capaz de transformar matérias-primas em objetos socialmente úteis. Do outro, os empregadores, detentores dos meios para realização desse processo. Fazendo ponte entre eles – no âmbito interno – situam-se as políticas de gestão, que além de expressarem as diretrizes, normas e procedimentos que devem ser observados, em cada um dos subprocessos, se configuram como elementos de mediação na relação capital/trabalho[67].

Embora o conceito de gestão de pessoas ou de gestão de recursos humanos não encontre definição unânime na literatura, destaca-se a coexistência de abordagens predominantemente operacionais e estratégicas[68]. Ao mesmo tempo em que a gestão de pessoas é explorada através de uma visão mais funcionalista, centrada na ação dos especialistas dos diversos subsistemas de gestão de RH[69], pode também ser encontrada de forma mais ampla. Nessa perspectiva, enquanto um conjunto de funções a serem compartilhadas com os gestores das demais áreas da organização[70] ou, de forma ainda mais ampla, como as que se estruturam a partir das necessidades, demandas da organização e de suas interações com clientes e investidores[71].

Muitos são os autores que apontam para a importância estratégica da gestão de pessoas, ambiente em que a meritocracia é normalmente explorada. Para Boudreau e Ramstad, os líderes dos negócios reconhecem que a gestão de pessoas é vital para o sucesso de uma organização, na medida em que cabe a ela compreender a estratégia da empresa e buscar a melhor maneira de identificar e aplicar o capital humano. Para esses autores, o gestor de RH deveria estar entre os mais importantes e estratégicos gestores[72].

A importância estratégica da gestão de pessoas passa pelo conceito de modernidade organizacional, uma vez que as dimensões cultural, política, psicológica, administrativa, econômica e tecnológica são dependentes de ações de RH, de forma direta - através das áreas funcionais - ou indiretamente através das lideranças, tal como ocorre com a diversificação de práticas, comportamentos e atitudes, valorização da iniciativa, da responsabilidade e liberdade individuais, gestão do clima, que pode favorecer mudanças, inovação e aprendizado; reforço à consciência e espírito de cidadania, interação social, comunicação, incentivo à criatividade, à informação, eficácia e suporte ao desempenho individual[73].

> *"As mais belas, assim como as mais deploráveis tendências do homem não são parte de uma natureza humana biologicamente fixada, mas resultado do processo social."*
>
> ERICH FROMM

Diversos são os fatores que influenciam a gestão de pessoas a partir do posicionamento estratégico dos profissionais de Recursos Humanos, menos centrados na função do RH, internamente, e mais concentrados no que os clientes internos e externos – e investidores – precisam receber dos processos voltados à gestão de RH. Acionistas e suas demandas, legislação trabalhista, herança cultural, metas estratégicas da organização, ações das empresas concorrentes, expectativas e necessidades dos clientes e dos fornecedores afetam a gestão de pessoas e influenciam em ações ou prioridades. Do outro, o interesse por prêmios ou certificações, os debates em associações profissionais ou de classe, o posicionamento ou recomendação de consultorias, as informações divulgadas em revistas de gestão ou mesmo os contatos pessoais dos gestores[74].

A autonomia e o espaço de manobra de RH, necessários a uma reflexão madura ou adoção de ações sobre meritocracia, também exercem grande influência nas políticas, processos e práticas (quadro 1), o que amplia, reduz ou delimita o papel estratégico de tal função. Empresas em fase de crescimento, com estratégias centradas na diferenciação, com número restrito de *stakeholders*, com baixa ou nenhuma presença de grupos dominantes, em regime de monopólio, intensivas em capital e tecnologia (custo do trabalho tendendo a zero), com autonomia financeira, fornecem mais margem de manobra aos seus gestores de Recursos Humanos.

Outras organizações, por outro lado, se encontram em situação de declínio em termos de produto ou serviço, com estratégia fortemente dependente da redução de custo, com um número elevado de *stakeholders*, grande presença de grupos profissionais dominantes, representadas por oligopólios, intensivas em mão de obra (custo do trabalho tendendo a 1) e sem autonomia financeira. Nesse extremo estão organizações com menor margem de manobra comparativa e, deste modo, mais dependentes da reprodução de práticas prevalentes em determinados mercados ou organizações.

Quadro 1: Autonomia e espaço de manobra de RH

Aspectos determinantes do espaço de manobra	Espaço de manobra para o gestor de RH	
	Elevado ⟵⟶	Reduzido
Situação de mercado	Crescimento	Declínio
Estratégia	Diferenciação	Redução de custo
Mecanismos coercitivos dos stakeholders	Número restrito	Número elevado
Profissionalização dos empregados	Limitada	Grande
Estrutura do mercado	Monopólio	Oligopólio
Índice trabalho/total dos custos	Perto de 0	Perto de 1
Autonomia financeira	Presente	Ausente

Fonte: PAAUWE, 2004, p. 96, apud LACOMBE; CHU, 2008, p.28.

Diferentes espaços de manobra – ou de ação – dão à meritocracia diferentes *status* ou dimensões. Dentro e fora dos espaços apresentados por Paauwe, a gestão de pessoas vive em permanente conflito entre discurso e ação, sendo acusada de adotar práticas antigas com novas roupagens[75], de ser caracterizada por fortes contradições e dificuldade de afirmação[76], de utilizar conceitos e programas importados, regularmente dos Estados Unidos[77] e nem sempre ajustados às necessidades e características das empresas. Também de adotar práticas que, muitas vezes, são apenas "para inglês ver"[78], o que consiste em adotar – de forma temporária ou parcial – determinada tecnologia para atender pressões para sua adoção, sem que mudanças substanciais sejam implementadas.

Para Caldas e Wood Jr, nesse contexto

> *Quando uma reação assim ocorre, o olhar parece conformar-se a modelos e referenciais globalizados de gestão. Mas isso é apenas aparência: abaixo dessa superfície – plástica e permeável ao novo – permanece a substância híbrida e diversa, somente parcialmente receptiva a modelos alienígenas. Erroneamente, tem-se a sensação de que a realidade organizacional brasileira está povoada por fenômenos gerenciais típicos, idênticos aos padrões internacionais quando, de fato, existe uma realidade distinta, disfarçada 'para inglês ver'.*

Segundo Barbosa[79], uma fragilidade ainda maior e mais avassaladora é a dificuldade em assegurar legitimidade, condição crítica para apresentação e disseminação da meritocracia no contexto das políticas e das ações internas. Para essa autora, tal dificuldade ganha destaque com o colapso de alternativas mais afeitas ao discurso, normalmente desprovidas de uma racionalidade compatível com aquela pensada pelo arranjo organizacional, com pouco embasamento técnico e definição clara dos propósitos. Para ela, na gestão de pessoas

> *têm sido testadas soluções em que a crença de que a humanização das ações e/ou práticas, associada a um clima de trabalho mais cordial e saudável, seria suficiente para alterar um quadro que tem exigido aportes mais consistentes no campo racional. Esse discurso e essa prática têm sido fortemente combatidos por aqueles mais afeitos e dispostos a uma via mais adaptada a critérios objetivos e pragmáticos de entendimento da realidade. Esse arranjo tem como palavra*

de ordem a maximização da equação do aumento de receitas versus redução de custos, o que impõe ações de natureza organizacional que atingem diretamente a lógica de gestão de pessoas.

A falta de legitimidade é ampliada pela presença de "ondas inovadoras", com "matrizes teóricas norte-americanas ou europeias", apresentadas de forma prescritiva, incorporadas com atraso e sem a contextualização necessária[80]. Nas ondas que varreram a gestão de pessoas nos últimos anos, os autores destacam a qualidade total, a terceirização, a gestão por competências, a gestão estratégica de recursos humanos e a gestão do clima organizacional, muitas vezes adotados como *the one best way* ou como *a* "única e melhor maneira de fazer as coisas, em todos os países"; sem a coerência dentro ou fora da organização[81].

A presença desses modismos gerenciais – e aqui ainda a dúvida se estamos tratando da meritocracia – pode acentuar paradoxos ou contradições[82] em gestão de pessoas, mais evidentes quando se percebe a realidade das organizações e os ganhos reduzidos – ou inexistentes – gerados pela reengenharia e pela qualidade total, adotados indiscriminadamente por muitas empresas no Brasil[83]. Especificamente sobre o campo da gestão de RH observa-se uma distância entre o discurso dos especialistas e das organizações, o que amplia o desafio para inovação na gestão de pessoas. De acordo com Zacarelli e outros autores

> *o descompasso entre a identificação de tendências de gestão de pessoas e as práticas efetivas das organizações pode ser analisado como paradoxo organizacional do tipo discurso versus prática. Este tipo de contradição acontece quando os indivíduos percebem a existência simultânea de duas realidades inconsistentes na organização: o discurso e a prática efetiva em relação a um mesmo objeto. O paradoxo discurso versus prática gera percepções polarizadas e conflitantes nos indivíduos que interpretam a realidade ao seu redor por meio de dimensões opostas.*

A introdução e a rápida reprodução em massa de determinadas práticas, com respostas padronizadas a perguntas nem sempre simétricas, podem ser caracterizadas pelo isomorfismo mimético, comum em situações de incerteza. Quando as metas organizacionais são ambíguas ou conflituosas, o ambiente se revela incerto ou indefinido, ou os recursos tecnológicos de que a organização dispõe são limitados, observa-se uma forte tendência em tomar outra organização como modelo, o que atenuaria a insegurança e daria alguma legitimidade às ações internas, conforme destacado por DiMaggio e Powell[84]. Em relação à gestão de pessoas, esse tipo de isomorfismo se manifesta pela adoção das chamadas 'melhores práticas', como a remuneração por desempenho ou a avaliação por *Balanced Scorecard*[85], por vezes gerando contradições ou paradoxos pelo distanciamento de tais práticas das crenças, dos interesses e dos costumes de determinada organização[86].

> *"Crença não é aquilo que você possui, mas aquilo que possui a mente."*
>
> ROBERT BOLTON

A visão crítica das ações de RH no campo organizacional é também observada em relação à produção científica envolvendo gestão de pessoas. Entre as principais críticas apontadas, considerando-se os artigos apresentados nos EnANPADs entre 1991 e 2000, destacavam-se a ênfase na quantidade e não na qualidade, a visão predominantemente funcionalista e operacional, a temática diluída e em busca de uma identidade mais precisa, uma proposta científica mais empiricista do que de construção teórica, e também o excessivo uso de estudos de casos, muitas vezes confusos e questionáveis, ilustrativos ou descritivos, sem pretensão de construção indutiva de conhecimento, a inspiração estrangeira – com o predomínio da referência bibliográfica de outros países –, além da dominância de um conjunto extremamente limitado, tanto de autores quanto de programas[87].

Inovações, mudanças, ondas passageiras ou o isomorfismo afetaram, além dos programas, práticas, processos de comunicação com os empregados, formas de designação da própria área de atuação. A gestão das pessoas – de forma minimamente estruturada – surgiu como 'departamento pessoal', se transformou em 'relações industriais' e posteriormente em 'gestão de recursos humanos'[88]. Com o tempo, o chamado RH passou à gestão de pessoas e daí à gestão do 'capital humano'. Algumas organizações, provavelmente acreditando que a gestão se dá 'com' pessoas, instituíram a expressão "Gente e Gestão", conforme apresentado no estudo de Leal e Schmitt[89].

Independente da nomenclatura, no entanto, permanece a responsabilidade pela evidência quanto ao valor agregado de suas atividades, bem como pela condução de ações que apoiem a lucratividade, demonstrem preocupação com custos, com o crescimento da organização, com a garantia do desenvolvimento das competências das pessoas e com a efetividade na atração e retenção do capital intelectual. Assim, é necessário que as mudanças apontem para melhorias nos resultados financeiros da organização, a partir de diversas ações, entre as quais a de inclusão dos gestores – dos diferentes setores – como parte de uma força tarefa para transformação da área de RH e integração da referida área ou função aos negócios da organização.

É necessário também, dentro desse contexto, que a gestão de RH assegure o alinhamento de políticas e práticas à estratégia da organização, além de auxiliar no desenvolvimento de uma cultura, cujo papel é o de criar os sentidos da identidade organizacional, partindo de fora para dentro[90]. É necessário colocar as necessidades centrais da organização em primeiro plano, a partir das quais outras questões, mais voltadas ao universo típico de RH, possam ou devam ser consideradas. Múltiplas transformações são exigidas em relação à gestão de pessoas e, nesse contexto, aos profissionais de RH. Assim, a área de Recursos Humanos está sendo levada a dar menor ênfase à visão funcionalista, a ampliar o foco sobre a necessidade de geração de resultados provenientes de uma execução mais estratégica, a aumentar a eficiência administrativa nos diversos subsistemas e a demonstrar maior capacidade para mudança como forma de assegurar a sustentabilidade com ou sem as discussões envolvendo meritocracia.

Portanto, contratar, desenvolver, remunerar, gerir benefícios, prover ampla comunicação, auxiliar no desenho organizacional e manter equipes de alto desempenho – ações características e inseridas nos processos de gestão de pessoas – são importantes, mas não mais suficientes para atendimento das necessidades das organizações. Outras tantas ações são indispensáveis mas precisam estar conectadas à lógica e aos interesses dos negócios, o que por vezes ocorre em relação à meritocracia em seus diferentes significados. Conforme destacou Ulrich[91], os processos de gestão de pessoas não se destinam a fornecer terapia empresarial ou a funcionar como retiros sociais de saúde ou felicidade. As ações de RH devem se basear em teoria e pesquisa, exigindo que o gestor domine tanto a pesquisa quanto a prática. Para ele, as contribuições da gestão de pessoas para os resultados empresariais podem e devem ser mensurados, na medida em que as práticas de RH precisam criar valor pelo incremento do capital intelectual da empresa; métricas precisam ser estabelecidas para monitorar o que se está fazendo e como pode o serviço de RH ser melhorado continuamente[92].

Para Ulrich e seus colaboradores, as práticas de RH evoluíram com o tempo, cabendo a cada profissional encarar seu trabalho corrente como parte de uma cadeia evolutiva. O profissional de RH deve explicar seu trabalho e objetivos com menos jargão e mais autoridade, ainda que algumas práticas exijam debates vigorosos. Mais do que participar dos debates, cabe aos gestores de pessoas a provocação, o desafio e encorajamento à participação dos colaboradores. O papel de RH, nesse contexto, é tão importante aos gerentes de linha quanto são o de finanças, o de estratégia e os de outros domínios empresariais, desde que os profissionais percebam que a verdadeira transformação do RH é um processo contínuo e não um evento isolado, por vezes circunscrito a uma posição no organograma. O papel de alavanca para criação de valor e obtenção de resultados, fruto de uma transformação expressiva no papel de RH nos últimos 50 anos, depende do exercício de uma transposição do discurso para a prática[93], discurso que inclui regularmente a ideia de que a gestão de pessoas ocupa papel estratégico no processo de alcance de vantagem competitiva, frase presente também no introito da maioria dos livros e artigos que abordam temáticas relacionadas à gestão dos indivíduos na situação de trabalho"[94].

A gestão de pessoas, que tem destaque na busca da maximização do valor organizacional mediante a gestão do fator humano – e que se encontra inserida nas discussões sobre meritocracia –, não pode esquecer os dias em que foi reduzida à contagem de cabeças e à de guarda livros; que, do ponto de vista de vista da gestão empresarial, a mão de obra já foi tomada – e frequentemente ainda o é – como mais um insumo a ser gerido; que, em termos econômicos, a gestão de pessoas já foi tratada quase como um elemento perturbador do processo produtivo e da gestão dos negócios empresariais[95].

Os elementos que apontam claramente um novo papel, mais voltado para a interação empresa-funcionário e à forma e conteúdo do discurso, podem ser a alavanca para a criação de valor e obtenção dos resultados citados por Ulrich e outros autores, particularmente com a reestruturação de cima para baixo ou de fora para dentro, situação em que os processos de gestão de pessoas são organizados para aumentar a capacidade competitiva da organização[96]. Essa maior capacidade competitiva pode ou não envolver a meritocracia, dentro dos constructos, desafios e oportunidades aqui apresentados.

MERITOCRACIA: ORIGEM E DESENVOLVIMENTO

> *"A modéstia é a humildade de um hipócrita que pede perdão por seus méritos aos que não têm nenhum."*
>
> ARTHUR SCHOPENHAUER

Embora a discussão sobre mérito seja muito antiga, a palavra meritocracia incorporou-se ao discurso de alguns profissionais e organizações, de forma mais intensa, nas últimas duas décadas, através de práticas ou conexões de programas e ações ainda não suficientemente explorados. Assim, tornou-se necessário um olhar mais atento sobre a origem do termo, sua transformação e ganho de popularidade ao longo do tempo, razões teóricas para sua difusão, seus vieses críticos e as dificuldades em se definir meritocracia enquanto parte do processo de gestão de pessoas. Organizações com e sem prestígio, listadas ou não entre as melhores empresas para se trabalhar, adotam ou não a palavra meritocracia no ambiente empresarial.

Origem do Termo Meritocracia: uma Distopia

A palavra meritocracia foi criada por Michael D. Young, sociólogo britânico, no livro *The Rise of the Meritocracy*, lançado em 1958. Tratava-se de uma sátira sobre supostas transformações sociais na Inglaterra no período imaginário de 1870-2033, em que o mérito – calculado através do "QI + esforço" tornava-se árbitro para entrada e crescimento das pessoas "em uma esplêndida carreira" em uma Inglaterra renovada[97].

Fruto da fusão das palavras 'mérito' e 'aristocracia', o termo auxiliou Young na descrição de um sistema social de ordenamento e mobilidade que, a despeito de questionar o modelo aristocrático, focado principalmente na hereditariedade, *status*, prestígio e no poder do dinheiro, apresentava-se injusto e perpetuador de iniquidades.

Apresentado de forma pejorativa[98], sarcástica, irônica, o termo meritocracia atenderia à manutenção do poder[99], uma vez que elitismo e meritocracia aparentavam estar intrinsecamente conectados. Na distopia criada por Young, a carteira nacional de inteligência, que indicava o QI e o escore de atitude, era documento obrigatório para os cidadãos[100]; professores com quociente de inteligência (QI) entre 135-180 teriam alunos com QI entre 125-180, em turma com apenas oito alunos; professores com QI entre 100-105 teriam pupilos com QI entre 50-80, em turma três vezes maior.

> *"O merecimento pode ser algo subjetivo; sua vantagem é depender de um olhar atento, sensível e... potencialmente subjetivo."*
>
> CARLOS SEABRA GUIMARÃES

No mundo mecânico e relativamente previsível da meritocracia de Young, os mais brilhantes homens – e não mulheres – do curso de administração das Universidades de Oxford e de Cambridge estariam determinados – naturalmente – a governar o país. Vindos de outras universidades ou colégios, homens e mulheres estariam capacitados a serviços de menor importância, o que incluía o serviço público.

No mundo da meritocracia, a lei de educação determinou que as crianças seriam educadas de acordo com a idade, capacidade e aptidão. As crianças com maior capacidade obteriam uma educação mais elevada, conforme destacou Toledo-Piza[101] ao analisar a história de Young. Na sociedade que experimentara a meritocracia era necessário – e desejável – consulta ao registro de inteligência antes de se escolher o companheiro para casamento. Isso evitaria o casamento entre classes antagônicas, assegurando-se assim a homogeneidade entre os parceiros, condição importante para a garantia do poder na meritocracia. A consulta prévia era considerada de interesse da nação para manutenção do QI dos capazes, uma vez que um homem com QI alto poderia não se orgulhar de ter um filho destinado a descender socialmente.

Admitindo-se o livro de Young como uma distopia[102], a meritocracia seria algo importante a ser refletido pela sociedade, tendo em vista que o incômodo e uma mensagem intrínseca para fazermos algo – propósito das abordagens distópicas – serviriam, nesse sentido, como alerta e como crítica, tendo o poder de chocar e abalar lógicas, certezas, verdades absolutas. Para Araújo[103], as distopias procuram demonstrar tendências contemporâneas que podam, limitam, a liberdade humana, revelando o medo da opressão totalizante[104]. Para ele, a distopia apresenta alguns traços característicos: costumam explorar, do ponto de vista moral, os dilemas presentes que refletem – ou que podem refletir – negativamente no futuro, oferecem crítica social e apresentam as simpatias políticas do autor, exploram a estupidez coletiva; o poder é mantido por uma elite pela somatização e consequente alívio de certas carências e privações do indivíduo, possuem discurso pessimista, raramente flertando com a esperança.

Transformação e Popularidade da Meritocracia

> *"Se um milhão de pessoas acredita numa tolice, ela continua sendo uma tolice."*
>
> ANATOLE FRANCE

Ao contrário do que fora imaginado por Young, o termo meritocracia ganhou força e popularidade como algo positivo, como um ideal abstrato e não como algo a ser temido ou evitado[105]. Para Allen, por exemplo, se distopias são importantes para reflexão de uma sociedade, a de Young também teria sido instrutiva, mas justamente por aquilo que ela falhou ao prever. Destacou o autor que, em uma meritocracia imperfeita ou recém-criada, em processo de transição, a concorrência individual e a ambição – criticadas por Young – devem ser permitidas ou, mais do que isso, encorajadas. Isso permite que o gênio possa mover-se para a posição que merece. Assim, quando a administração meritocrática é aperfeiçoada, os indivíduos são alocados corretamente conforme habilidade e esforço individuais, o que também contribui para o aperfeiçoamento contínuo da meritocracia em seus variados contextos.

Nessa perspectiva, a meritocracia se tornaria popular nos Estados Unidos, sendo rapidamente identificada e incorporada como um valor globalizante[106], uma crença, uma meta a ser alcançada ou ideal a ser perseguido[107]. Algo entranhado na consciência e muito desejado pelas pessoas[108], uma tecnologia social, o contraste dos sistemas de estratificação que se apoiam em idade, classe social, gênero, raça e aspectos hereditários[109]; uma forte ideologia.

Allen acredita que a meritocracia, perseguida por sociedades justas e tão destacada por organizações modernas e transparentes, não é a mesma descrita por Young em 1958. Na nova meritocracia, revisitada e popular, as pessoas seriam estimuladas a procurar sua melhoria pessoal, em vez de esperar o Estado vir premiar esse esforço individual e ajudar na realocação. Para ele, a situação hoje é mais perto do sistema descrito por M. Gove, para quem o Reino Unido deveria trabalhar para se tornar uma nação de aspiração[110]. Na nova meritocracia, mais avançada, a posição social é a expressão direta da capacidade mais esforço, fórmula objetivamente definida e completamente explícita. Indivíduos teriam que se acomodar ao fato de que sua posição social é a expressão direta do seu valor intelectual.

Para Bell, citado por Young, uma sociedade pós-industrial, em sua lógica, é uma meritocracia, na medida em que as diferenças de *status* e renda são baseadas em competências técnicas e em educação, tal como descrito em relação aos Estados Unidos[111] e Inglaterra[112]. A popularidade do termo meritocracia nessas sociedades seria derivada de uma preferência pelo princípio do mérito ou o endosso do mérito como caminho apropriado para a distribuição de bens, refletindo o que as pessoas pensam que deveria acontecer no contexto social e organizacional[113].

Uma sociedade justa deve ser – entre outras coisas – uma meritocracia, indicativo de um sistema social onde o mérito ou talento individual determinam as posições que as pessoas irão ocupar e as recompensas que irão receber[114], do *status* social que terão – traduzido por renda, poder e prestígio[115] – proveniente e unicamente dependente do merecimento individual.

Conforme destacaram Castilla e Benard, pesquisadores do MIT, existe uma crença de que em um verdadeiro sistema meritocrático, qualquer pessoa possui igual chance de crescer profissionalmente e obter recompensas baseadas no mérito e no esforço individual, independentemente do gênero, raça/cor, idade, classe social ou qualquer outro fator considerado não meritocrático. A difusão do termo meritocracia então, enquanto sistema social, valor ou ideologia, teria ocorrido em função da crença no princípio da igualdade de oportunidade como elemento norteador dos processos de gestão[116], em que a meritocracia operaria como um paradigma[117], onde qualquer pessoa possuiria igual chance de crescer profissionalmente e de obter recompensas baseadas no mérito e no esforço individual.

> *"Uma mulher tem de ter o dobro da eficiência de um homem para merecer a metade das recompensas dele."*
>
> FANNIE HUERST

Assim, a meritocracia passaria a ser apresentada em alguns estudos, no contexto organizacional, como uma estratégia para aquisição e aplicação eficaz do fator humano em função do aumento do conteúdo intelectual do trabalho, da importância da inovação, da criatividade e do aumento da competição por talentos em um mundo cada vez mais globalizado. As práticas associadas à palavra meritocracia serviriam para justificar ou explicar o *status* social, sendo o mérito individual, sob os diferentes ângulos, a base bem definida e mensurável para a seleção de indivíduos, considerando-se que cada um possui igualdade de oportunidade para desenvolver e dispor de seus valores para crescimento pessoal e profissional em uma sociedade ou organização[118]. Por esse mesmo ângulo, a meritocracia reforçaria a ideia de um modelo de gestão que prestigiaria o merecimento individual em detrimento de outros aspectos reconhecidamente não meritocráticos, tais como origem familiar, credenciais acadêmicas, idade, gênero, cor e relações pessoais.

Pós-industrial e democrática, a sociedade americana – que adotou a meritocracia como um valor – é reconhecida como uma sociedade que – via de regra – sempre funcionou considerando o desempenho e o mérito individual das pessoas como os principais ordenadores das hierarquias ou, em outras palavras, sempre considerou a meritocracia como um valor globalizante, algo aceito socialmente[119]. Para Livia Barbosa, a meritocracia é percebida como critério fundamental ou o embasamento moral para toda e qualquer ordenação social, principalmente no que diz respeito à posição sócioeconômica das pessoas. Para Castilla e Benard, muitos americanos realmente acreditam que a meritocracia não é somente a maneira por meio da qual o sistema deveria funcionar, mas a forma como efetivamente funciona nos Estados Unidos. Pesquisas mostram que – culturalmente – a meritocracia é considerada como um justo e legítimo princípio distributivo em organizações e sociedades capitalistas, merecendo inclusive estudos sobre a relação entre igualdade de oportunidades e ações meritocráticas[120].

Assim como se percebe em relação aos Estados Unidos, a palavra meritocracia vem se tornando mais popular também no Brasil. Como endosso, Lívia Barbosa salienta que há forte consenso sobre a necessidade de uso de critérios meritocráticos em processos de seleção, promoção, premiação e aumento salarial no Brasil. Além disso, para essa autora, o sistema meritocrático é uma exigência de uma sociedade democrática que, do ponto de vista dos princípios, garantiria igualdade de oportunidades para todos. Citando Napoleão, conclui que, em uma meritocracia, as carreiras encontram-se abertas ao talento[121].

Razões Teóricas para Difusão do Termo Meritocracia

"Sucesso é como chiclete: você só fica com o gostinho, mas não engole."

ANÔNIMO

Em que pesem os esforços para explicar a popularidade da meritocracia mundo afora, sob uma perspectiva positiva[122], para Young sua força e popularidade não estavam naquilo que ela representava, mas sim na palavra que poderia vir a substituir: a aristocracia. Salienta esse autor que as pessoas de poder e privilégio estavam mais interessadas do que nunca em acreditar que a sociedade moderna tinha regras, não tanto para as pessoas, mas para as pessoas mais inteligentes. Na medida em que isso aconteceu, foi possível justificar a desigualdade social, evitando-se uma contradição demasiado flagrante numa sociedade democrática.

Em contraponto, Allen destaca que a ideia de meritocracia assumiu outro formato, não mais podendo ser interpretada no contexto e nas condições em que foi criada. Salientou, contudo, que Young não estaria sozinho em assumir que meritocracia é um conceito atemporal e relativamente estático, pois outros autores também observam a meritocracia pelo mesmo viés e questionam se meritocracia existe; se a meritocracia pode ser alcançada e se é realmente desejável. Em todos os casos, aponta Allen, a meritocracia foi observada de forma incorreta, como algo estático, rígido, que não teria mudado ao longo das décadas. Para ele, na literatura e no discurso cotidiano, a meritocracia assume a forma de um resumo ideal contra o qual se pode julgar a presente imperfeição de uma determinada sociedade.

De acordo com este ponto de vista universal, uma sociedade justa deve ser, entre outras coisas, meritocrática. Para ele, a meritocracia como um valor, uma crença, meta a ser alcançada ou ideal abstrato deve ser vista como medida do progresso de uma sociedade. Sociedades avançadas seriam aquelas consideradas mais meritocráticas, na medida em que tomariam menos decisões baseadas em preconceitos, estendendo oportunidades para um grupo cada vez maior de pessoas; acredita ele que a meritocracia deveria ser também usada para avaliação da corrupção, uma vez que as sociedades ou instituições corruptas não acreditam ou não adotam princípios meritocráticos. Sociedades meritocráticas, por outro lado, estariam normalmente abertas e buscando ideais de justiça; ambientes não meritocráticos seriam obscuros, desleais e discricionários. Justiça, coesão social, progresso e transparência, por outro lado, seriam ideais atemporais que apenas podem ser perseguidos no contexto da meritocracia.

Nessa linha de raciocínio, a meritocracia, observada por Allen, é também compartilhada por Rodrigues. Para esse autor, a meritocracia não articularia senão os mais intrínsecos pilares do ideário político de uma nação, tendo o Brasil, com sua história abundante em símbolos meritocráticos – ouro, cana, café, gado, latifúndio e poder paralelo – o próprio "mérito depositado em suas instituições"[123]. A palavra latifúndio e a expressão poder paralelo, embora não sejam usualmente associadas à visão predominante de meritocracia – enquanto valor – estariam, de certo modo, perfeitamente conectadas à ideia de meritocracia enquanto eufemismo que associa recompensa ao mérito[124], enquanto retrocesso que busca a refeudalização do mercado de trabalho[125] ou mesmo uma forma especial e diferenciada de nepotismo que resulta do bom desempenho e mérito dos descendentes[126].

De um lado, a meritocracia é proclamada por representar uma estratégia para aquisição e aplicação eficaz do fator humano. Do outro, acusada por desperdiçar recursos humanos e por proteger o baixo desempenho de pessoas[127]. Nessa última perspectiva, a meritocracia – eventualmente útil na produção de *commodities,* de serviços com menor valor agregado – pode ser inadequada às organizações baseadas no conhecimento, tendo em vista a complexidade dos trabalhos, das interações e das competências, e da necessidade de transformação, inovação e diversidade racial e cultural.

> *"Grandes mentes têm propósitos; outras têm desejos."*
>
> WASHINGTON IRVING

Segundo Appold, a meritocracia teria como propósito preservar o *status quo*, reforçando a ideia de injustiça e a perpetuação da iniquidade destacada no editorial da revista The Economist[128]. Sobre o tema, reitera o pesquisador que a meritocracia é menos adequada para economias avançadas, industriais e pós-industriais, onde o sucesso nos negócios é mal definido, difícil de alcançar e possivelmente apenas mensurável após as ações empreendidas, porque tais situações indefinidas envolvem o máximo possível de recursos humanos. Considera ainda que em uma situação onde a promoção é difícil e cada um é julgado por superiores imediatos e colegas, é fácil ver como a meritocracia desencoraja a criatividade; o sucesso em muitos postos de trabalho é difícil de ser quantificado. Em tal situação, o primeiro objetivo da carreira é evitar ser acusado de erros; se fosse possível encontrar uma segunda oportunidade de emprego, o medo de cometer erros — e, portanto, a coragem para ser criativo – poderia mudar.

Nessa perspectiva desfavorável, o termo meritocracia poderia também atuar como uma ideologia legitimadora, que justificaria critérios discricionários de distribuição de recompensas ou a exposição negativa de pessoas[129], mascarando a discriminação ao gênero feminino[130], à raça negra[131], às minorias em geral, entre tantas outras situações potencialmente contraditórias. Ao invés de algo que se distinguiria de forma positiva, a meritocracia poderia ser apresentada apenas como um mito, conforme sugeriram Tatum[132], Kwate e Meyer[133], uma fantasia ou, de forma mais contundente, um eufemismo. Para Celarent[134], a meritocracia tornou-se um ideal tão dominante, que mesmo aqueles que se opõem a seus resultados provisórios atacam apenas o viés cultural dos experimentos, não indo a fundo às questões essenciais.

Castilla e Benard testaram empiricamente o argumento teórico de que, quando uma cultura organizacional promove a meritocracia – comparando-se a quando isso não ocorre –, gestores na organização podem ironicamente mostrar maior inclinação a favor de homens em detrimento das mulheres com o mesmo desempenho[135]. Para testar o que chamaram de paradoxo da meritocracia, os pesquisadores conduziram três experimentações com um total de 445 participantes com experiência gerencial, convidados a fazer recomendações de desligamento (demissão), concessão de bônus e promoção para vários perfis de funcionários. Segundo os pesquisadores, os resultados demonstram que a busca da meritocracia no local de trabalho pode ser mais difícil do que parece, podendo haver riscos não reconhecidos por trás de certos esforços da organização ao utilizar o mérito para recompensas ou reconhecimento.

A palavra também representaria práticas que privilegiariam e recompensariam, de forma distorcida, castas ou grupos internos de interesse e de proteção recíproca, opinião compartilhada com outros autores que identificaram relação positiva entre a adesão aos valores da competição, da ética protestante, da meritocracia e do individualismo com o preconceito e com o racismo em seus mais variados formatos[136]. Foster e Tsarfati salientaram que acreditar na meritocracia não significa que as premissas a ela vinculadas se farão presentes em qualquer contexto. Um indivíduo pode, por exemplo, acreditar que as pessoas devem ser recompensadas por mérito, mas também reconhecer que há barreiras sociais que impedem que isso aconteça[137]. Barreiras à meritocracia podem se dar de diferentes maneiras, tanto na forma de preconceito, quanto por falta de aderência do discurso e dos procedimentos dito meritocráticos aos aspectos culturais.

Na forma de apenas um mito ou fantasia, como observado por Tatum e por Kwate e Meyer, citados anteriormente, a meritocracia poderia ser justificada pela tese do mito e cerimônia, na medida em que estruturas e processos organizacionais são projetados frequentemente para serem rituais que adotam programas simbolicamente, para ganhar legitimidade, ainda que ineficientes ou ineficazes; que não necessariamente alcançam seus objetivos. A tese do mito, da cerimônia, dos rituais, busca introduzir ou fortalecer determinados conceitos, ideias ou propositos, podendo também ser apenas uma cortina de fumaça.

Foster e Tsarfati, em estudo sobre os efeitos da meritocracia sobre o bem-estar das mulheres após a primeira discriminação de gênero, descreveram a capacidade de a palavra meritocracia, como ideologia legitimadora, justificar critérios – por vezes arbitrários – de distribuição de recompensas nas organizações. Observaram os autores que, quando uma mulher acredita que a meritocracia existe em determinado contexto organizacional, ela pode atribuir a desigualdade de salário ou uma promoção perdida como proveniente de sua própria incapacidade – 'não estou tão qualificada' – em vez de acreditar na existência de um sistema desigual que modelaria ou regularia as ações ou as decisões internas[138].

Sobre o tema, Castilla e Benard observaram um viés que tende a desprestigiar as mulheres quando a cultura meritocrática é anunciada em um experimento. Aspectos como bônus e aumentos salariais, normalmente menos visíveis aos empregados em geral, em função da confidencialidade, apresentaram favorecimento aos homens, mesmo quando igual desempenho é apresentado. As questões envolvendo promoção ou mobilidade interna, por outro lado, mais visíveis externamente – na medida em que não se pode esconder uma pessoa admitida ou promovida[139] – apresentaram maior equilíbrio entre os gêneros.

Estudo sobre a meritocracia nos Estados Unidos, realizado por Cawley, Heckman e Vytlacil[140], também demonstrou que o discurso da meritocracia e o direito à igualdade de oportunidade encontravam-se desalinhados. Para eles, o salário pago aos trabalhadores dependeria da raça/cor ou do gênero, mais do que das habilidades cognitivas ou de outros indicadores associados ao capital humano, colocando em dúvida os resultados apresentados por Herrnstein e Murray[141], segundo os quais, após a II Guerra Mundial, a meritocracia educacional tornou-se mais pujante e mais determinante para a estratificação social baseada no mérito.

> *"A habilidade mais importante do político é achar novos nomes para instituições cujos nomes antigos se tornaram abomináveis para o povo."*
>
> WILLIAM JAMES

Em relação ao discurso da meritocracia e seu reflexo na saúde dos americanos afrodescendentes, como parte das regras do jogo meritocrático, Kwate e Meyer não acreditam que o sonho americano seja inevitavelmente prejudicial para todos os afrodescendentes, nem sugerem que tais crenças devem ser erradicadas. A crença na meritocracia e na possibilidade de sucesso por meio do trabalho duro e esforço – que sustenta o otimismo americano – não são antagônicos. Esperam, de qualquer forma, que os responsáveis políticos e pesquisadores da saúde pública entendam a meritocracia olhando algumas das formas menos visíveis, em que a ideologia meritocrática pode comprometer a saúde e bem-estar[142].

Artigo publicado na revista The Economist[143] registra a aprovação popular em torno da ideia de meritocracia e a crítica necessária às sucessões de poder no ambiente aristocrático. Para a referida revista, o mundo atual estaria começando a parecer um pouco com o pesadelo apontado por Young, onde um seleto grupo vê sua renda subir por causa dos prêmios que, em uma economia globalizada, de alta tecnologia, privilegia as pessoas mais inteligentes. Em que pese o aspecto meritocrático do dinheiro fluindo para o talento, em vez de conexões, e em pessoas investindo na educação de seus filhos, o rico inteligente estaria se transformando em uma elite entrincheirada, fenômeno chamado de paradoxo da meritocracia virtuosa, que minaria, por diferentes estratégicas e abordagens, a teórica igualdade de oportunidades. O desinvestimento público em educação – ou o investimento bem abaixo do necessário para transformação social ou para uma resposta às demandas da humanidade – faz com que os que possuem dinheiro invistam cada vez mais em ações de qualificação para sua prole, dando aos filhos cada vez mais condições de competição em um mundo mais meritocrático[144].

A desatenção aos mais pobres e necessitados, normalmente fora do jogo da meritocracia, pode custar caro para uma sociedade e tornar real a distopia apresentada por Young, onde a igualdade formal de chances faria com que, por exemplo, a escola coloque todas as aparências da legitimidade a serviço da legitimação dos privilégios[145]. Nesse sentido, em vez da meritocracia positivamente conceituada por alguns autores, estaria em tela um novo nepotismo, com duas diferenças em relação às formas tradicionais: a primeira seria que as carreiras dos filhos seriam definidas por estes e não por seus pais, aumentando o grau de liberdade dos descendentes[146]; a segunda – o traço mais saliente e distintivo das novas formas de nepotismo – seria combinar os critérios de nascimento com os critérios de mérito, de modo que a trajetória da carreira dos descendentes se tornaria muito mais compatível com os modernos critérios democráticos.

Para Bellow[147], o novo nepotismo difere ao combinar os privilégios do nascimento com a lei de ferro do mérito, de modo muito menos ofensivo à sensibilidade democrática, além de muito mais alinhado à necessidade de legitimação das diferenças de renda, poder e prestígio no contexto social. Dese modo, ao contrário do grande apelo da meritocracia em seu sentido mais amplo, para os americanos a meritocracia estaria conciliando um impulso biológico, ao promover descendentes, a um valor moral que lhe seria antagônico: o sistema de mérito. Como resultado, o nepotismo meritocrático seria responsável por fração expressiva das posições-chave do sistema social ocupadas por herdeiros biológicos, carregando porém não apenas os genes, mas as qualificações indispensáveis às posições que ocupam[148].

Para Bellow, e sem a aparente contradição, cada sociedade utilizaria uma fórmula adequada para suas próprias necessidades, condições e valores. Os Estados Unidos, ao misturar a meritocracia e o nepotismo, teriam desenvolvido uma equação que representa a acomodação histórica entre a necessidade de continuidade social e biológica com o ideal liberal da cultura capitalista. Além dos vieses positivos e negativos apresentados, bem como da indefinição sobre o que seja meritocracia em termos práticos, no contexto da gestão de pessoas, há que considerar os aspectos culturais que separam Brasil e Estados Unidos, sendo este último considerado o ambiente em que a meritocracia é um valor globalizante; algo abaixo do qual o quotidiano organizacional e social se sustenta.

A Cultura e seu Suporte à Meritocracia

> *"Se os seus princípios são rígidos e inabaláveis, você, pessoalmente, já não precisa ser tanto."*
>
> MILLÔR FERNANDES

A cultura americana, percebida essencialmente como individualista, favoreceria o recrutamento e a promoção baseados nas competências individuais num ambiente de regras claras, transparentes, premissa básica a uma abordagem dita meritocrática. De acordo com Tanure[149], nessa cultura, o trabalho que um indivíduo irá desenvolver tem relação com a escolha desse indivíduo, independentemente das relações dessa pessoa dentro ou fora da organização. Os incentivos financeiros, em igualdade de condições, estariam relacionados ao desempenho individual, não sendo bem aceitas as relações familiares no trabalho ou outros critérios não meritórios. Tanure também registra que o pensamento dominante na cultura liberal americana é que os pobres seriam menos pobres se trabalhassem mais, que os ricos não deveriam financiar a manutenção dos mais necessitados e que os pobres são os responsáveis pela pobreza que os acomete, aspecto cultural que poderia favorecer as discussões focadas no indivíduo e suas competências[150], e nas recompensas também individuais, presentes na ideia corrente de meritocracia.

> *"A meritocracia é uma coisa chata, pois premia os mais esforçados e deixa na amargura os incompetentes os vagabundos, os relapsos; uma tremenda injustiça"*
>
> PAULO ROBERTO DE ALMEIDA

Apoiada nas ideias de Hofstede[151], Tanure registra que os países com alto índice de necessidade de controlar as incertezas – como é o caso do Brasil – apresentam, por outro lado, características distintas, como menor ambição para avançar na carreira. Demonstram preferência por cargos técnicos, mais do que por cargos gerenciais, preferência por trabalhar em organizações maiores e maior grau de lealdade com as organizações, situação em que tende a considerar que os gestores mais antigos são os melhores. Haveria, nessa cultura, tendência para que sejam evitadas competições entre os empregados, sendo preferidas as decisões em grupo e gestão consultiva, ao invés de decisões individuais e gestão mais autoritária ou centralizada. Além de certa resistência à mudança, percebe-se, segundo ela, uma visão pessimista sobre os motivos que orientam a empresa, apesar do sentimento de admiração e de lealdade, aspectos que tornam traumática qualquer discussão sobre meritocracia no Brasil, instituída de cima para baixo[152].

> *"Pessoas talentosas gostam de três coisas: meritocracia, honestidade e um ambiente informal."*
>
> CARLOS BRITO

As dificuldades da meritocracia no Brasil podem ser identificadas e compreendidas a partir de suas raízes históricas. Para Holanda[153], porção expressiva da cultura brasileira foi herdada de portugueses e de espanhóis. Isso inclui certa visão egoísta, em que cada indivíduo basta a si mesmo. Tal herança, para esse autor, inclui também a crença de que os privilégios, incluindo cargos, posses e títulos, podem ou devem ser herdados, e de que o tecido social deve ser frouxo, com baixo nível de organização e de senso de hierarquia, além de elevado grau de anarquia. A indolência displicente das instituições e dos costumes teria sido incorporada no modo de ser dos brasileiros, situação inadequada à relativa impessoalidade apresentada na maioria dos discursos pró-meritocracia.

O merecimento pessoal, individual, a necessidade de organização coletiva, a necessidade do esforço, do trabalho, da atividade utilitária e da responsabilidade individual – tão presentes nas discussões sobre meritocracia – sempre mereceram grau menor de importância na sociedade, ao contrário do que teria sido observado entre os povos protestantes que compreendem a meritocracia como um ideal conquistado e percebido no dia a dia. Uma digna ociosidade, apresentada por Holanda, com certo desejo de vida fácil, importa mais do que os negócios. A atividade produtiva, preceito do ambiente meritocrático, por si só é considerada menos valiosa que a contemplação e o amor. A moral do trabalho, nesse contexto, representaria um fruto exótico na formação da cultura brasileira. A obediência como princípio sempre pareceu uma fórmula caduca e impraticável.

Afirma esse autor que os portugueses não exploraram os trópicos a partir de um empreendimento metódico e racional, muito menos de forma construtiva e enérgica. Fizeram-no de forma desleixada, eram aventureiros e preservaram o ideal de colher o fruto sem plantar uma árvore. A ética prevalente, nesse sentido, era a ética da aventura, da audácia, da imprevidência, da irresponsabilidade, da instabilidade, da vagabundagem e tudo o mais que se assentasse em uma concepção espaçosa de um mundo meritocrático e centrado no esforço individual.

A ânsia de prosperidade sem custo, de títulos honoríficos, de posições e riquezas fáceis, característica dos colonizadores, é também observada no seio e nas raízes da cultura brasileira. Salientou que nem a religião católica, absorvida dos colonizadores, mereceu trabalho, empenho, dedicação e entrega, não tendo ela conseguido influenciar na disciplina e na atitude diligente, ao contrário do observado na cultura oriental. No Brasil, o culto sem obrigações e sem rigor, intimista e familiar, mais preocupado com o colorido dos rituais do que com o íntimo das cerimônias, caracterizou-se pela superficialidade. Assim foram fixadas as raízes e os valores cordiais que caracterizam a cultura brasileira, o que pode aduzir elementos interessantes para o que se pretendeu examinar na discussão da meritocracia nas organizações brasileiras atuais.

O sociólogo Roberto DaMatta, PhD, também se propôs a entender e decodificar a cultura brasileira, ao descrever o fenômeno do 'Sabe com que está falando?' como sendo algo socialmente estabelecido e não como uma mania ou modismo passageiro, fruto de uma época ou camada social. As dificuldades para a meritocracia, no Brasil, também ficariam evidentes, uma vez que pessoas, suas conexões sociais e o contexto influenciam direitos e deveres dos indivíduos; dos cidadãos, independentemente (até) do poder econômico. Todos jogam, segundo esse autor, com todas as suas identidades e com todos os eixos classificatórios. Ao contrário dos pressupostos da meritocracia, condições básicas para o seu funcionamento e percepção, terá mais riqueza e prestígio aquele que dispuser da maior quantidade possível de classificações para o uso do 'Sabe com quem está falando?'.

DaMatta salienta que, em sistemas igualitários, as leis, normas e regras aplicam-se ao indivíduo, independentemente das qualificações, atributos ou relações pessoais. Enquanto o indivíduo é livre e tem direito a um espaço próprio, como todos os demais, a pessoa – figura identificada na cultura brasileira – é presa à totalidade social à qual se vincula de modo necessário. Enquanto o indivíduo é igual a todos os outros, a pessoa pode ser complementada ou reduzida em função de suas relações sociais, papel ou condição, situação que traria ainda mais desafios à introdução da meritocracia. Para ele, a sociedade brasileira convive com situações em que pessoas e indivíduos, dependendo do momento, estão imersos em um mesmo contexto, ora privilegiando-se um, ora privilegiando-se o outro. Assim, pessoa e indivíduo – no contexto social brasileiro – são essenciais para a compreensão do 'Sabe com quem está falando?'. Este, por sua vez, pode auxiliar, mais uma vez, na compreensão das dificuldades da meritocracia no contexto de diversas organizações que operam no Brasil, tendo em vista o potencial privilégio aos aspectos não meritocráticos.

> *"Não estava chovendo quando Noé construiu a sua arca."*
>
> **HOWARD RUFF**

Em curso sobre meritocracia e gestão do Desempenho, promovido pelo governo do Estado de São Paulo para servidores dos mais variados setores da administração estadual, DaMatta[154] destacou que todos concordam com a meritocracia, mas divergem quando de sua aplicação prática, vista como um problema, tal como salientado por Lívia Barbosa. As principais frases do seu discurso dão, de certo modo, a dimensão da complexidade do tema meritocracia, pelo trânsito que permite em relação à avaliação do desempenho, à dignidade, arbitrariedade, premiação e reconhecimento.

Destacam-se, em sua fala, questões que o mérito é um valor que varia de situação para situação; é uma coisa positiva, admirada, desejada. O valor do mérito possui certo grau de arbitrariedade, senão todas as sociedades humanas seriam iguais - aquilo que é valorizado entre os índios Kayapós não é valorizado na tribo dos paulistas -, o mérito varia de sistema para sistema, significando ter proveito e ser digno. A ideia de mérito está ligada à realização, ao desempenho, que implica dedicação e talento; no Brasil, a despeito de todas as mudanças, a proatividade, o planejamento da carreira, a clareza em relação à área em que você irá trabalhar e aonde você quer chegar dentro do serviço público não são percebidos como algo comum. Para ele, a meritocracia tem a ver com o desempenho e que o desempenho é complicado. Questionou se uma sociedade de escravos, até 1888, pode falar de mérito. Asseverou que a única forma de praticar a meritocracia é tornar clara a contribuição de cada um. O tempo de emplacamento de um veículo no estado de SP pode ser uma medida para avaliar o diretor do DETRAN, assim como, para outros servidores, o número de semáforos em funcionamento, o tempo de demora no reparo de um farol ou mesmo a percepção do aluno em relação a um professor.

Destacou que na Constituição Federal de 1824 todos eram iguais perante a lei, mas que havia exclusões: as mulheres, os loucos, os negros e os índios. Se você perguntasse ali – no ambiente em que o evento estava sendo realizado – o que pensavam de os servidores públicos de SP serem avaliados, todos achariam ótimo. Mas na hora de fazer a avaliação, alguém diria: *'Você sabe com quem está falando?'*. Finalizando, pontuou que a avaliação do desempenho não é uma coisa em si, na medida em que a avaliação do desempenho cria dissídio entre os colegas. Para ele, se você tem um processo de avaliação do desempenho e dá prêmio para as avaliações positivas cria-se um problema, distinto daqueles observados em ambientes meritocráticos. Na meritocracia é assim: acertou, ganhou um aumento de salário! "No Brasil é um problema porque se você foi promovido, todos precisam ser promovidos". A isonomia salarial é um atraso, embora comum nas universidades federais, tendo a USP entrado nisso também. Não importa se você possui 20 livros publicados, fez conferências no exterior, é chamado para dar aula, tem artigos publicados em revista ou afins, pois será tratado como todos os demais professores. Outro problema no funcionalismo público, para DaMatta, é que você não pode demitir ninguém.

Sobre a avaliação de desempenho, o pesquisador comentou que os escravos também eram avaliados como qualquer funcionário: usavam-se critérios como simpatia, que é algo muito pesado no Brasil. Fulano é competente, mas é antipático... ou é esquisito; ela é ótima, mas é esquisita. Mais do que um nome atraente, o mérito e a meritocracia têm a ver com dignidade e são critérios fundamentais de classificação. Na prática, contudo, a idade é o único critério que ninguém discute, o tempo de serviço é o único que funciona na universidade; na avaliação de desempenho você não avalia a pessoa, mas sim o papel que exerce, como desempenha esse papel.

Para Paschini – em uma posição intermediária – há que se repensar o purismo meritocrático num contexto em que são privilegiados homens, brancos, altos, ocidentais e americanos. Nessa situação, o caminho da meritocracia pura tornaria o processo de geração de diversidade e de inclusão extremamente lento, o que faria das cotas para minorias um caminho não puramente meritocrático, mas necessário nas universidades e no ambiente organizacional. Pelo mesmo ângulo observa Bulgarelli[155], para quem existe um padrão dominante – no imaginário coletivo do merecimento – formado por homem branco, heterossexual, sem deficiência, magro (tradução de saudável), adulto (entre 30 e 40 anos), sem sotaque nordestino, boa formação, elegante e sem sinais exteriores de pobreza.

Tais visões geram potencial tensão entre a chamada meritocracia e a gestão da diversidade, situação contestada por autores como Glazer[156], para o qual as cotas solapam as bases da meritocracia ao criarem uma competição injusta, desigual, sem propósito ou significado. Para alguns autores, as cotas apresentam-se de forma inadequada em políticas públicas[157].

Os Vieses Críticos da Meritocracia

> "Não temos orgulho de demitir ninguém. Mas uma das responsabilidades sociais de uma empresa é obter lucro. Sem o lucro, todos os funcionários e famílias que dependem da companhia cedo ou tarde estarão na rua."
>
> CARLOS BRITO

Conforme salientado na abertura, a ideia de meritocracia pode ter várias virtudes, não sendo a clareza uma delas. Essa falta de clareza pode estar relacionada, entre outras questões, ao fato de que o conceito de mérito é profundamente contingencial. Assim, várias são as formas de uso da palavra meritocracia na literatura, como um mecanismo distributivo, estratégia de gestão ou prática; tese, critério ou modelo; ação ou resultado de uma ação; forma de reconhecimento; paradigma; algo que impacta a satisfação; sistema ou, ainda, a demonstração de dignidade por parte dos gestores de uma organização. Nenhuma dessas possibilidades, no entanto, auxilia na compreensão da meritocracia enquanto prática ou processo nas organizações que operam no Brasil. Conceitos, definições ou sugestões sobre o que seja meritocracia estão mais presentes quando o termo é apresentado no sentido de valor, crença, princípio, filosofia de gestão ou ideologia, o que traz à tona situações muito amplas, onde a meritocracia distingue ou pode distinguir a própria relação homem-organização e também a relação homem-sociedade[158].

Foster e Tsarfati, citados anteriormente, examinaram a meritocracia a partir de suas crenças, na medida em que vários autores consideram a meritocracia como uma das ideologias mais persistentes na América do Norte e mais comumente definida como uma preferência para o princípio do mérito, ou um endosso do mérito como forma adequada de distribuição de bens. Alertaram, no entanto, que embora os indivíduos possam endossar a meritocracia como uma meta positiva, esse endosso não define se tal meta foi alcançada[159]. Como uma preferência pelo mérito, a meritocracia não seria exatamente um *status*, programa ou a combinação de práticas ou programas, mas uma inclinação ou meta que prefere o mérito como orientador de decisões, para as quais a meritocracia é um sistema social onde o talento individual e esforço determinam posicionamentos dos indivíduos em uma hierarquia social[160].

Ao buscar definir meritocracia, Barbosa[161] registrou que poderíamos defini-la no nível ideológico, sendo a meritocracia um conjunto de valores que postula que as posições dos indivíduos na sociedade devem ser consequência do merecimento de cada um. Ao afirmar que há desejo de se implantar uma meritocracia no país – no serviço público – essa autora apresenta, nessa perspectiva, a meritocracia como um sistema ou processo que privilegia o mérito e as pessoas que efetivamente trabalham. Ao criticar os critérios utilizados na avaliação dos funcionários e na concessão de promoções, normalmente percebidos como fundamentados em interesses políticos, nepóticos e fisiológicos, por não considerarem qualquer mensuração de desempenho, eficiência e produtividade, deixa uma sugestão de que meritocracia não seria exatamente um programa: seria, por assim dizer, uma conexão estreita entre desempenho e reconhecimento ou entre resultados e recompensa em diferentes formatos ou denominações.

Embora sem uma distinção do que seria meritocracia, em seu sentido prático, alerta Rodrigues[162] que há ressalvas da convivência entre clima organizacional e qualidade de vida como um paradigma funcionalista e meritocrático. Tal situação reforçaria o caráter impreciso e difuso de tal abordagem por sua teórica dificuldade de convivência com as relações interpessoais (clima) e com ações envolvendo qualidade de vida. A meritocracia também é apresentada como ideologia dominante nos EUA, sem a indicação, descrição ou conceituação das práticas características ou adequadas à referida ideologia[163]. Ao salientarem que os Estados Unidos são uma meritocracia e que seus cidadãos devem aspirar também o peso do sucesso econômico e social descrito no sonho americano, Kwate e Meyer sugerem que meritocracia é um *status* que pode ser alcançado pela organização, provavelmente a partir de uma combinação de ações e não exatamente por um ou mais programas isoladamente.

Castilla e Benard registraram que o conceito de meritocracia como um mecanismo distributivo, repousado sobre a ideia de igualdade de oportunidade e mérito, tem amplo apelo cultural. Tal fato teria levado pesquisadores a tentarem compreender em que medida existe relação entre igualdade de oportunidades e ações meritocráticas, sugerindo que meritocracia é um atributo, uma qualidade, um nível em que decisões internas se baseiam no mérito individual, como poderia ocorrer com um programa de remuneração por desempenho individual e outras práticas de recompensa destacadas por Heneman[164], Noe[165] e Castilla e Benard, citados. Para esses últimos, em um sistema meritocrático todos têm uma chance igual de avançar e obter recompensas com base em seus próprios méritos e esforços, independente do gênero, raça, classe ou outros fatores não meritórios, reforçando a meritocracia como a qualidade do vínculo entre a avaliação do desempenho e a concessão de recompensas por parte da empresa e não como programas distintivos. Nesse particular, o desafio mais importante da meritocracia seria medir o mérito para que o mérito igual resulte em recompensas iguais. Mas, uma vez que o mérito é medido para cada funcionário, é também crucial não haver qualquer diferença de recompensas para um mesmo mérito.

> *"A globalização influenciou [...] na difusão da cultura meritocrática nas organizações aqui no Brasil. As primeiras empresas estabeleceram uma gestão de desempenho de pessoas e equipes baseado em metas quantitativas e qualitativas."*
>
> **SOFIA ESTEVES**

Ao avaliar a precarização do trabalho por meio da terceirização de atividades em determinado grupo de empresas, Saraiva[166] avalia que a gestão da força de trabalho mostra que a avaliação de desempenho não cumpre o seu papel de promover a meritocracia, gerando problemas de satisfação, de clima, entre os empregados. O papel atribuído ao processo de avaliação do desempenho – de promover a meritocracia – sugere que a avaliação não contribuiu para distinguir o merecimento individual e, a partir dessa distinção, promover ações envolvendo carreiras ou remuneração. A ideia de que o desempenho individual poderia permitir a distinção pelo mérito é colocada em xeque, no entanto, pela crítica de que há diferenças de remuneração mesmo entre profissionais que executam tarefas semelhantes.

Bacharach e Aiken[167], ao dissertarem sobre o impacto da alienação, da falta de significado e da meritocracia entre supervisores e subordinados, destacam experiência na qual a meritocracia foi operacionalizada perguntando-se aos titulares dos departamentos e aos subordinados sobre o compromisso organizacional em se usar o critério de mérito para promoções. A partir dessa observação os pesquisadores concluíram que a meritocracia ocorre quando promoções tomam como base os testes formais, o desempenho no trabalho ou o potencial. A meritocracia seria, nesse caso, o nome dado à relação entre desempenho, potencial e decisão sobre mobilidade vertical (promoção).

Appold, destacado anteriormente, apresenta a meritocracia como um mecanismo institucional que aloca pessoas em diferentes posições, reconhecendo no entanto que essa definição não é suficiente, na medida em que implica dizer que ela – a palavra meritocracia – é sinônima de toda estratificação social baseada em alcances individuais. Meritocracia não seria equivalente a encontrar a melhor pessoa para o trabalho, uma vez que levaria a organização a fazer uma identificação precoce e selecionar potenciais elites, aquelas no topo de suas profissões, por meio de testes ou avaliações formais. Nesse caso, o conceito ou descrição não auxiliaria na compreensão da meritocracia conforme apresentada por algumas organizações.

Castilla e Benard, ao questionarem se a introdução de práticas e rotinas meritocráticas atenuam disparidades salariais em relação ao gênero e à raça, sugerem que a meritocracia é um conjunto determinado de ações ou – especificamente – o programa de aumento salarial espontâneo – *merit-based pay* – em função do mérito individual[168], constructo que permitiria um conjunto indeterminado de atributos ou fatores para mensuração do desempenho. Nesse caso, não estaria sendo explorada a meritocracia em seu sentido amplo, mas a introdução de práticas, programas e de rotinas meritocráticas, aparentemente menores. A remuneração por mérito seria, para Heneman e Werner, vista como um símbolo importante da cultura de uma organização para enfatizar que o trabalho deve ser reconhecido com base no desempenho, por si só, ao invés de outras considerações, tais como igualdade, necessidade ou antiguidade.

A despeito do consenso em torno da meritocracia, enquanto princípio, diversas seriam as dificuldades da meritocracia enquanto aplicação prática, na medida em que a mesma seria vista como algo estranho à cultura administrativa brasileira. Nesse caso, o consenso sobre meritocracia terminaria no momento de sua aplicação, quando o desempenho consideraria o conjunto de talentos, habilidades e esforços de cada um, pois há grande dificuldade para garantia de imparcialidade nas promoções e nos aumentos salariais, bem como para a justiça na concessão de privilégios.

"Se a meritocracia é bom instrumento para recompensar aqueles que se alinham com o rumo que a corporação estabelece, é verdade que propicia o surgimento de um problema, que é o fato, de maneira consciente ou não, das

> *pessoas trabalharem para alcançar as metas, usando de subterfúgios ou mecanismos que impeçam (ou inibam) a diminuição de seu desempenho."*
>
> ROBERTO COHEN

Para Barbosa[169], quando a meritocracia surge em nossas discussões políticas, ela normalmente aparece na essência de sua dimensão negativa, como um conjunto de valores que rejeita toda e qualquer forma de privilégio hereditário e corporativo, avaliando e valorizando as pessoas independente de suas trajetórias e biografias sociais. Para a pesquisadora, a meritocracia no Brasil também se acha entremeada de questões de ordem moral, tal como a antiguidade ou tempo de casa, dedicação à organização e, principalmente, as relações pessoais e políticas, dentro do mesmo quadro de referência, tornando a meritocracia ainda mais árida no contexto organizacional. A antiguidade combinada com o merecimento é expressa por artigo da Consolidação das Leis do Trabalho (CLT) que trata da isonomia salarial, segundo o qual sendo idêntica a função, a todo trabalho de igual valor corresponderá igual salário, destacando-se que trabalho de igual valor será o que for feito com igual produtividade e com a mesma perfeição técnica. Havendo plano de carreira, no entanto, as promoções deverão obedecer aos critérios de antiguidade e merecimento, alternadamente.

A avaliação de desempenho – em tese o instrumento de apoio às discussões sobre merececimento – também é um pilar das ações meritocráticas em estudo de Leal e Schmitt[170] sobre uma determinada organização. Salientam essas autoras que o princípio norteador para a avaliação de desempenho em determinada empresa é a meritocracia, pois segundo tal organização, gente faz a diferença e vale pelo que faz. No caso estudado, a empresa demonstrava-se extremamente voltada para resultados e, assim, o desempenho do funcionário deveria ser avaliado pelos resultados que seu trabalho traz para a organização.

Tal situação, conforme já destacado, reforçaria a ideia de que a meritocracia estaria avançando no Brasil, sendo possível imaginar que seu conceito está se difundindo de maneira mais consistente nas organizações privadas. Com o destaque de que a gestão do desempenho avança, fica sugerida uma relação entre meritocracia, como um valor, a avaliação do desempenho, como uma ferramenta, e critérios meritocráticos como aqueles que ligarão o desempenho aos sistemas de reconhecimento, recompensa e gestão de carreiras. Destacam Lins, Rosa e Motta[171] que, por meio da análise do desempenho individual e de equipes, bem como do entendimento das causas para o desempenho insatisfatório, é possível estabelecer planos de ação para o desenvolvimento das pessoas, equipes e organizações, além de viabilizar a utilização de critérios meritocráticos nos sistemas de reconhecimento, recompensa e gestão de carreiras.

O uso da avaliação de desempenho* para subsidiar tomada de decisão sobre aumentos e promoções – citado frequentemente como associados à principal ideia de meritocracia - também tem crescido nos Estados Unidos, conforme salientaram Castilla e Benard. Para os referidos autores, de acordo com uma pesquisa em 826 empresas, nos Estados Unidos, observou-se aumento no percentual que se utiliza de avaliações de desempenho, de aproximadamente 45%, em 1971, para mais de 95%, em 2002. Pesquisa da Hewitt Associates, em 2002, indicou que 90% das grandes organizações pesquisados já adotaram aumento salarial por mérito, incentivo financeiro comumente associado às discussões sobre meritocracia[172]. Muito próximo encontra-se Castilla[173],

---

* Parênteses aqui devem ser colocados: o eixo central de um evento recente, estruturado sobre performance, aprendizado e desenvolvimento, foi destacado por Leyla Nascimento, presidente da ABRH Nacional e vice-presidente da área Sul da FIDAGH. Algumas reflexões sobre a prioridade das organizações na busca da excelência na execução, no desenvolvimento de líderes e no maior alinhamento entre líderes e liderados, alinhamento esse pautado na relação de confiança, de colaboração e de compromisso mútuo. Entre as principais conclusões apresentadas, frutos de pesquisas globais e regionais, destacaram-se, sob o meu ponto de vista: que 77% dos empregados não acreditam nos sistemas de avaliação de desempenho, corroborando estudo bem anterior da Towers Watson, para quem os processos de avaliação carecem de uma definição clara de objetivos (69%), de maior qualificação dos avaliadores (58%), do comprometimento dos envolvidos, em todos os níveis (57%), da compreensão dos avaliados (54%) e de uma relação mais profissional, em detrimento de questões paternalistas (53%); que há uma relação relativamente inversa entre a importância de alguns temas e a capacidade dos profissionais de RH em atuar sobre eles, tal como acontece com a gestão dos talentos (identificação e ações de desenvolvimento) e o foco em desempenho, em resultados individuais e organizacionais. Esses dois temas centrais foram indicados como críticos (prioritários) e, ao mesmo tempo, como necessitando de maior expertise por parte dos gestores do capital humano; que pessoas mais destacadas, pelo valor do desempenho e do senso de compromisso, não aparecem – ou não devem aparecer – por acaso. Esse desempenho precisa ser resultado de um olhar mais atento dos gestores, em todos os níveis, fruto de um encorajamento, de desafios e de reconhecimento, financeiro e não financeiro; que parte expressiva dos instrumentos de avaliação do desempenho se limita a subsidiar ações de premiação (remuneração variável) ou de punição (desligamento ou redução do espaço organizacional), sem preocupação com o desenvolvimento das pessoas, sem ações objetivas de aperfeiçoamento contínuo da força de trabalho; que o *feedback* ao desempenho é muito mais frequente em relação aos que atuam com alto rendimento e performance do que em relação aos de menor desempenho comparado, situação para as quais a atribuição de um grau ou conceito menor, por si só, deixam 'mensagem' aos avaliados.

que registra a meritocracia como um processo no qual o mérito é algo mensurável e, então, compensado financeiramente; um caminho que relaciona o processo de avaliação do desempenho às recompensas financeiras e não financeiras. Para ele, seria uma definição da meritocracia como um processo e não como um valor. Nesse caso, a meritocracia seria um caminho, uma conexão de programas e ações, e não exatamente um *status* organizacional, um programa ou a combinação deles, podendo-se questionar se estamos falando de um mesmo conceito ou de diferentes meritocracias.

> *"Quando a empresa implanta a meritocracia é necessária uma mudança de cultura interna. Ela se torna um valor da empresa, e valor não se discute."*
>
> JOSUÉ BRESSANE

A avaliação de desempenho estaria fortemente conectada ao processo de gestão meritocrática, embora polêmica, segundo Lívia Barbosa[174]. A polêmica no Brasil origina-se da atribuição de conteúdos distintos para uma mesma categoria linguística por diferentes segmentos sociais e pelo exercício de um discurso que valoriza a meritocracia como critério básico de ordenação social, mas que contrasta com a prática social de todos os segmentos da sociedade brasileira, encontrando-se permeada por total falta de entendimento sobre o que está sendo dito pelos diferentes grupos envolvidos e pela confusão entre sistema meritocrático e ideologia da meritocracia. Barbosa destaca que, de uma perspectiva histórica, avaliar as pessoas e suas respectivas produções se tornou um procedimento administrativo regular no interior das organizações, tendo tal procedimento começado mais ou menos junto com a revolução nas relações de trabalho trazida por F. Taylor.

Quando Taylor sugeriu a aplicação de seu método de eficiência à administração de pessoal, ninguém imaginava na época a quantidade de problemas que estava surgindo, na medida em que uma coisa era medir a eficiência de máquinas e linhas de produção, que poderiam ser objetivamente medidas. Outra coisa – salienta – seria julgar, comparar, avaliar e medir as produções humanas, que possuem características difíceis de serem objetivamente avaliadas, como propõe a meritocracia.

Uma vez desvendado o significado prático da palavra meritocracia, caberá ao termo mérito apresentar-se como um ponto importante a ser explorado, na medida em que muitos são os conceitos e variantes de mérito, tal como pode ser observado entre o mérito estreito e estendido de Régnier[175]. O mérito estreito incluiria as qualificações acadêmicas, outras certificações, registros em órgãos de classe, qualificações incorporadas ao currículo, capacidades associadas à iniciativa individual, autonomia e flexibilidade, comprometimento e envolvimento com os projetos do dia a dia e as capacidades associadas à subjetividade valorizadas no trabalho. Como mérito estendido seriam considerados aspectos como domínio de idiomas, conhecimento de informática, conhecimentos técnicos, conhecimento de ferramentas transversais, capacidade empreendedora, capacidade de negociação, capacidade de gestão capacidades vinculadas à estratégia ou visão estratégica da organização, foco em resultados e capacidades de gestão de pessoas e equipes.

A Meritocracia e seus Desafios

Bellow apresenta um oponente sagaz da meritocracia: o DNA da espécie animal, afirmando ser necessário recorrer à sociobiologia para mostrar o que impulsiona o ser humano a favorecer parentes, a despeito de a meritocracia ser descrita como um sistema social onde o talento individual e esforço determinam posicionamentos dos indivíduos em uma hierarquia social[176]. Impulsos naturais destruiriam, nesse sentido, a igualdade de oportunidade, reforçando aspectos não meritocráticos, tais como origem familiar, credenciais acadêmicas, idade, gênero, cor e relações pessoais, tanto a respeito da relação de parentesco – considerada na palavra nepotismo – quanto a outros vínculos ou interesses.

Outra questão relevante é que a meritocracia, que precisa ser mais bem compreendida enquanto prática, pode se transformar na meritocracia como um valor cultural, servindo como um gatilho ambiental[177] ou parte de um 'kit de ferramentas' de hábitos[178] que pode desencadear propensões cognitivas individuais[179] nem sempre favoráveis, refletidas em diversos em estudos que conectam meritocracia às mulheres[180], meritocracia aos negros[181] e a outras minorias. Para Barbosa, a meritocracia seria um sistema paradoxal, na medida em que ao pleitear o reconhecimento dos melhores, acaba em muitos casos representando um critério de discriminação das sociedades modernas[182]. Na perspectiva psicológica, pode ser um dos efeitos de um modo de ser indivíduo onde tudo depende da capacidade e da eficiência individual. Nesse contexto, o cotidiano é esvaziado politicamente e as relações de opressão, as explorações e as diversas formas de dominação são invisibilizadas[183], criando-se castas, reforçando-se classes e redes de proteção mútua.

Toledo Piza[184] já antecipava essa preocupação ao destacar um trecho de um manifesto contra a meritocracia, apresentado por Young. Segundo tal manifesto, sociedade sem classe deveria ser aquela onde as pessoas seriam avaliadas não somente de acordo com a inteligência e educação, com sua ocupação e poder, mas de acordo com sua gentileza e sua coragem, sua imaginação e sensibilidade, sua simpatia e generosidade. Uma sociedade sem classes seria também uma sociedade tolerante, em que as diferenças seriam ativamente encorajadas, como também a passividade tolerada, em que tudo o mais fosse dado para a dignidade do Homem. Todo ser humano teria igual oportunidade, não por meio de medidas matemáticas, mas sim para desenvolver sua própria capacidade de ter uma vida rica.

> *"Ter problemas na vida é inevitável;*
> *ser derrotado por eles é opcional."*
>
> ROGER CRAWFORD

Lopez Junior[185] apresenta outro aspecto que, segundo o autor, parece encontrar ressonância na sociedade brasileira, colocando mais um obstáculo para a meritocracia: "é que nós não nos opomos tanto ao nepotismo ou ao nepotista, mas sim àquele que foi indicado, quando não apresenta competências específicas". Assim, corrobora com Bellow quando diz que o nepotismo parece ser um problema apenas quando o beneficiário é manifestamente desqualificado. Assim, diante de tantas interpretações e asserções, que transitam entre extremos, Castilla e Benard apresentam uma questão para eles ainda aberta: se as desigualdades persistem a despeito dos esforços em promover a meritocracia ou se exatamente pelos esforços meritocráticos. Tal dilema nos levaria a outro: se a meritocracia pode ser considerada igualitária e justa e, ao mesmo tempo, injusta, mas desejável[186].

RECOMPENSA E RECONHECIMENTO NO CONTEXTO DA MERITOCRACIA

> *"Você pode conseguir muito mais com uma palavra amável e um revólver do que apenas com uma palavra amável."*
>
> AL CAPONE

O diversificado emprego da palavra meritocracia, objeto deste estudo, não impede verificar sua expressiva vinculação a determinados termos no contexto organizacional, tal como ocorre com recompensa e reconhecimento, termos por vezes abreviados por *R&R*, em inglês[187], ou reco-reco, em português[188]. Cabe, no entanto, ressaltar que a meritocracia, quando está em foco, atrai muito frequentemente os termos recompensa e/ou reconhecimento. O termo meritocracia não é citado, por outro lado, quando autores exploram a importância, as características ou formas de recompensa e de reconhecimento. Assim, explora-se aqui um tema que pretende ser mais um pilar para compreensão mais ampla da meritocracia, tanto em relação à regular conexão dos termos recompensa e reconhecimento, entre si, quanto ao uso separado de cada um deles. A aplicação individual e distinta dos mesmos será por certo o que mais interessará, na medida em que possui intuitivamente características distintivas que se conectam, também de forma distinta, às ações ditas meritocráticas no contexto organizacional.

O Uso Combinado dos dois Termos

Regularmente associados à motivação das pessoas para que excedam em desempenho[189], recompensar e reconhecer representam mecanismos de intervenção dentro de uma organização com o objetivo de encorajar ou reforçar determinados comportamentos para obtenção de resultados, auxiliar pessoas na compreensão das metas, dos desafios e das avaliações que serão realizadas; de criar um sentido de direção e explicitar a necessidade de esforço e persistência para alcance dos resultados organizacionais. Deste modo, os termos recompensar e reconhecer são vistos em grande medida associados entre si para muitos autores, alguns dos quais fazem uso também dos referidos termos, separadamente, como pertencentes a um sistema ou conjunto integrado de programas ou ações que operam em conjunto.

Danish e Usman são autores para os quais os termos recompensar e reconhecer aparecem juntos, mas com a sugestão de que tratam de dois conceitos distintos e fortemente conectados. Salientam que os incentivos, as recompensas e as formas de reconhecimento são os primeiros fatores a exercerem impacto na motivação dos empregados. Para eles, as organizações hoje em dia procuram promover o equilíbrio razoável entre o comprometimento dos funcionários e o desempenho da organização, cabendo aos programas de recompensa e reconhecimento servirem como o fator de manutenção da elevada autoestima[190].

Em linha com esses autores, Nelson e Economy[191] também apresentam os termos recompensa e reconhecimento em conjunto quando afirmam que a motivação dos empregados é tudo e, já que não se pode ligar a motivação diretamente na cabeça das pessoas, é possível usar recompensas e reconhecimento para criar as condições que irão resultar em empregados motivados. Ao recomendarem ações para reversão de um quadro de desmotivação em determinada empresa, os autores registraram que é necessário criar um sistema de recompensa e reconhecimento que irá encorajar os empregados a estarem motivados ao trabalho. Alertam que é necessário, em relação à motivação, reconhecer e recompensar o alcance e progresso dos empregados diariamente.

Armstrong[192] salienta estarem os termos recompensa e reconhecimento umbilicalmente conectados como antecedentes ou condições básicas para uma boa gestão de pessoas, juntamente com a oferta de trabalhos desafiadores, qualidade da relação entre empregados e empresa, entre supervisores e empregados, justiça no processo de alocação de recursos e resolução de disputas internas. No momento em que apresenta os requisitos básicos para os profissionais que lidam com o tema, destaca que é necessário considerar recompensas e reconhecimento "como parte constituinte" dos pacotes oferecidos por uma organização.

> *"Seja sempre uma versão de primeira categoria de você mesmo, em vez de uma versão de segunda categoria de outra pessoa."*
>
> JUDY GARLAND

Erickson e Gratton[193] usam os termos recompensa e reconhecimento no contexto das ações envolvendo empresas que se distinguem no processo de gestão de pessoas. Para essas autoras, excepcionais empresas atraem e retêm os melhores empregados, aqueles que vibram com a cultura e os valores da organização, devolvendo a ela lealdade e desempenho estelar. Ao darem o exemplo de uma determinada empresa-modelo, os autores inserem recompensas e reconhecimento, em conjunto, associados ao trabalho e aos resultados produzidos por times, equipes de trabalho, nunca sob a perspectiva individual. Para elas, o pagamento de bônus encontrava-se explicitamente ligado ao grupo, não individual. Flynn[194] destaca que o objetivo básico dos programas de recompensa e reconhecimento é promover uma comunicação aos funcionários para que eles possam vincular sua recompensa ao desempenho que acabam por conduzir. Incentivos, recompensas e reconhecimento são os parâmetros chave para programas de motivação nos dias de hoje, corroboram Danish e Usman, revelando que se recompensas ou reconhecimento oferecidos aos empregados forem alterados, haverá uma mudança correspondente no trabalho e na motivação das pessoas[195].

A RECOMPENSA COMO SINÔNIMO DE RECOMPENSAR E RECONHECER

Além do uso dos termos recompensa e reconhecimento, ora como um conjunto de programas, ora na forma de um sistema, observa-se também a palavra recompensa representando o conjunto dos termos para uso genérico, compreendendo-se nesse caso o termo reconhecimento também como uma forma de recompensa financeira[196] ou também não financeira, não excludentes no campo das discussões sobre meritocracia. Nelson e Economy, ao abordarem a importância dos mecanismos de recompensa e de reconhecimento no contexto organizacional, destacam a palavra recompensa em seus comentários. Para eles, é necessário perceber a regra de ouro, pela qual você recebe o que você recompensa, admitindo-se uma relação de causa (indutor do comportamento) e efeito (resultados organizacionais). Assim, seria necessário conectar as recompensas às metas da organização, na medida em que as recompensas podem auxiliar no reforço do comportamento desejado e, ao mesmo tempo, no desestímulo daqueles comportamentos considerados inadequados. Portanto, recompensar os empregados pelo trabalho excepcional que fizeram é crítico para mantê-los motivados a continuar fazendo o melhor, asseveram os pesquisadores.

Armstrong, citado anteriormente, também destaca a palavra recompensa no contexto da gestão, onde observa o amplo significado do termo, dessa vez como algo a ser gerenciado. Nesse caso, a gestão das recompensas estaria preocupada com estratégias, políticas e processos que assegurem que o valor das pessoas e de suas contribuições para alcance das metas organizacionais, departamentais e das equipes, seja reconhecido e recompensado. Isso incluiria o desenho, a implantação e manutenção dos sistemas de recompensa – processos de recompensa interrelacionados, práticas e procedimentos. A partir das considerações de Nelson e Economy, Armstrong nos permite ampliar, de forma ainda mais expressiva, a abrangência do termo recompensa, ao enfatizar que a gestão das recompensas não envolve somente as recompensas financeiras, salários e benefícios aos empregados, mas também recompensas não financeiras, tal como reconhecimento, oportunidades de treinamento e desenvolvimento e aumento nas responsabilidades do cargo.

> *"Se uma coisa é digna de ser feita, vale a pena até ser malfeita."*
>
> G. K. CHESTERTON

McConnell[197] apresentou a palavra recompensa de forma ampla e sob as perspectivas financeira e não financeira, permitindo compreender sua conexão com promoções, diferentes formas de mobilidade, ajustes salariais, bonificações, prêmios em dinheiro, ganhos extras por serviços prestados e participação em atividades especiais, tais como processos de reengenharia, de ensino, de mentoria e condução de projetos complexos. Recompensas podem, para o pesquisador, envolver suporte financeiro para educação, participação em eventos de entretenimentos, expansão do local de trabalho, suporte em estudos avançados, assinatura de publicações técnico-profissionais, anuidade em associações profissionais, verba para condução de projetos e pesquisas e reembolso para participação em eventos, concessões realizadas por diferentes razões, em programas com diversos propósitos. Relativamente aos sistemas de recompensa, são necessárias ações que assegurem o alinhamento das recompensas às necessidades declaradas pela organização. Após a revisão dos direcionadores da empresa, incluindo visão, missão, valores e metas, é necessário compreender o tipo de desempenho e comportamentos que sustentam tais direcionadores.

> *"Se você acha que educação custa caro, tente a ignorância."*
>
> DEREK BOK

Também no sentido de recompensar como algo amplo, destacou Armstrong que a gestão das recompensas lida com estratégias, políticas e processos necessários para assegurar que as contribuições de uma pessoa para a organização sejam estimuladas e reconhecidas de maneiras financeira e não financeira, atendendo inclusive as necessidades dos *stakeholders*. Destaca que as 'recompensas' possuem objetivos mais amplos, como reconhecer as pessoas de acordo com o valor agregado, alinhar expectativas em relação às metas dos negócios e valores e necessidades das pessoas, endereçar mensagem sobre o que é importante em termos de comportamento e de resultados, auxiliar na atração e retenção de pessoas com alta qualificação e auxiliar as pessoas no engajamento e comprometimento, desenvolvendo uma cultura de alto desempenho[198].

Costa, Salles e Fontes Filho[199] asseveram que a motivação dos indivíduos em ambientes de trabalho é a base sobre a qual os sistemas de recompensas são desenvolvidos e implantados. Pensadas a partir de premissas e crenças sobre os fatores determinantes da motivação no ambiente de trabalho, as recompensas buscariam conectar as ações gerenciais às necessidades da organização, em que pesem os diferentes significados das recompensas para os indivíduos. Barton[200], nesse mesmo contexto, deixou ainda mais clara a prevalência da palavra recompensa como representante desse conjunto mais amplo de ações. Para ele, as melhores empresas se diferenciam das demais pelo fato de inserirem formas de reconhecimento como o mais importante fator em seus sistemas de recompensa. Assim, as recompensas e os programas de reconhecimento integrariam um sistema de recompensa.

A Recompensa como Troca

Além do uso dos termos recompensa e reconhecimento como um sistema ou conjunto integrado de ações e da palavra recompensa como sinônimo de recompensar e reconhecer, no linguajar quotidiano a palavra recompensa está regularmente associada à relação de troca; à relação entre causa (o resultado da organização, o desempenho de um determinado processo) e efeito (a premiação, a recompensa). Deste modo, a recompensa se separaria e se diferenciaria do reconhecimento, assumindo algo bem distinto e mensurável, tal como sugeriram Herzberg[201], Caird e Aranwela[202] e Silverman[203].

Para Caird e Aranwela as práticas de recompensa se distinguem das práticas de reconhecimento. Para Herzberg, recompensas sugerem troca, tal como "faça isso para mim ou para a organização que, em retorno, darei a você uma recompensa", um incentivo, mais *status* e promoção; estão presentes em situações em que um empregado faz alguma coisa para receber uma premiação que age como um incentivo, conforme destacado por Silberman. Também estão regularmente associadas às atividades de vendas, em novos negócios[204], sempre no sentido de que, uma vez a recompensa definida e comunicada, pode produzir comportamentos e resultados que muitos acreditam que não ocorreriam sem o referido estímulo[205]. Nesse contexto, Nelson e Economy apresentam exemplos de metas ou de suas formulações vinculadas aos diferentes mecanismos de recompensa, sempre no sentido de troca e de uso de critérios objetivamente construídos, tais como desenhar e produzir um relatório mensal de vendas antes do final do primeiro trimestre do ano fiscal. Segundo tais autores, recompensas agem como um estímulo na direção pretendida pela organização, funcionando como elemento de troca, pois quando você recompensa certos tipos de comportamento – sejam bons ou ruins para a organização – é disso que você receberá mais. O caminho para obter tais comportamentos é recompensar seus empregados.

A expectativa de recompensas, normalmente usadas como forma de controle[206], pode produzir um esforço adicional na busca de um resultado e este, uma nova recompensa, em processo virtuoso de retroalimentação[207]. Sobre o tema, Porter e Lawler, citados por Armstrong e Brown, concordam com o efeito positivo das recompensas no desempenho, mas destacam que o impacto sugerido pela teoria da expectativa de Vroom, somente se aplica quando fica clara a conexão entre esforço e recompensa e quando esta vale a pena. Quando questionados se as recompensas afetam positivamente o desempenho das organizações, Armstrong e Brown registram que - em relação às décadas de 1980 e 1990 - a resposta seria sim, mas sem generalizações. Para eles, as recompensas costumam falhar particularmente no setor público, tendo em vista o deficiente processo de suporte à gestão, consulta inadequada às partes interessadas e baixo nível de comprometimento ou de capacidade das gerências de linha em implantar programas de forma justa e consistente.

Admitindo a recompensa como essencial na relação esforço-resultado, McMunn destaca que não há como escapar do fato de que os esforços humanos são motivados por expectativas de recompensas, por um lado, e justa punição, por outro. Para esse autor, a adoção de uma recompensa desejada e possível de ser alcançada deve ser combinada com punições, embora não muito severas[208]. A lógica de que recompensa e punição são antagônicas – mas complementares – não é compartilhada por Kohn, para quem premiar e punir podem se apresentar como duas faces de uma mesma moeda. Para esse pesquisador, recompensas frequentemente aumentam a probabilidade de se fazer alguma coisa, embora mudem a maneira de se realizar um trabalho e a atitude do indivíduo em relação a ele (e para pior), na medida em que se oferecem outras possíveis motivações. Para ele, as recompensas minam diferentes tipos de desempenho, apoiado em McGraw[209], para quem os incentivos terão efeitos danosos no desempenho quando duas condições ocorrerem: primeiro, quando a tarefa é suficientemente interessante para o sujeito, de maneira que a oferta dos mesmos é uma fonte supérflua de motivação; segundo, quando a solução da tarefa se apresenta em aberto.

Para Kohn, McGraw deveria ter afirmado que as recompensas sempre terão efeitos danosos, efeito esse que pode ser ainda pior quando o trabalho for interessante para o indivíduo. Esse autor destaca que as recompensas punem, destroem relacionamentos, ignoram o bom senso e desencorajam a assunção de riscos. Para ele, é necessário entender para quem as recompensas são eficazes, por que motivo são eficazes, durante quanto tempo são eficazes e a que custo. Reforça que pagar pelo trabalho de uma pessoa é bem diferente do que pagar condicionado ao desempenho da mesma. Segundo ele, receber algum reconhecimento inesperado depois de fazer algo é bem diferente de se ter recebido a promessa de um prêmio se a pessoa realiza um bom trabalho. Analisando os dois casos, o último oferece uma recompensa saliente que, provavelmente, produz uma sensação mais controladora.

O controle do comportamento, criticado por McGraw e por Kohn é, em outros termos, parte integrante da introdução e disseminação das recompensas no contexto organizacional. Para Zingheim e Schuster[210], uma visão estratégica e integrada das recompensas é importante no processo de mudança cultural, na medida em que explicita crenças e valores que devem ser observados pelos colaboradores. No mesmo ambiente aparece Belcher[211], para quem a premissa de que recompensas influenciam comportamentos é um dos pilares da remuneração variável, expressão que também pode ser traduzida por incentivos financeiros, tão associados à ideia de meritocracia. Para Belcher, sistemas de recompensa motivam as pessoas, pois elas farão as coisas que tragam as recompensas, direcionando os esforços dos empregados, reforçando comportamentos ou, como preferem Schiehll e Morissette, controlando-os.

> "Por que a meritocracia funciona tão bem em algumas empresas? [...]os 10% melhores são lembrados no discurso do presidente, gozam de reputação junto aos pares... e riem à toa com a polpuda remuneração variável que seus contracheques apontam..."
>
> WELLINGTON MOREIRA

Destaca Belcher que as recompensas auxiliam na comunicação das prioridades e claramente possuem uma influência poderosa na cultura da organização. Para ele, a literatura sobre mudança organizacional destaca a importância das recompensas na introdução de novas práticas e no alcance de objetivos estratégicos, sugerindo o uso da palavra recompensa como algo que se oferece em troca de algum resultado ou comportamento.

Para Silverman recompensas são promessas, pois criam expectativas de ganhos associados aos resultados. Indica, no entanto, que as empresas continuam dando ênfase às recompensas financeiras, mesmo sabendo que os estudos dos últimos 50 anos demonstram que a motivação vai além do dinheiro. Para ele, é compreensível essa postura, uma vez que os gestores possuem uma visão simplista sobre a influência das recompensas no comportamento humano e no fortalecimento do contrato psicológico. Reitera que em linha com a essência das recompensas totais, as organizações precisam compreender as recompensas de forma mais ampla. Aquelas em que as estratégias de recompensa estão direcionadas a promover um balanceamento entre recompensas intrínsecas e extrínsecas estarão em uma melhor posição para reforçar o contrato psicológico que possuem com seus empregados.

O Reconhecimento como Homenagem

Enquanto as recompensas podem incluir salários e incentivos financeiros, além de benefícios e treinamentos, em função do alcance de metas ou em troca do trabalho na organização, o reconhecimento deve ser oferecido como forma de demonstrar o apreço da organização pelo empregado, reforçando sua motivação e comprometimento[212]. Para Danish e Usman, o reconhecimento é um processo que fornece a um empregado certo *status* dentro da organização. Este é um fator crucial para a motivação de um empregado. O reconhecimento descreve como o trabalho de um empregado é avaliado e o quanto é valorizado pela organização.

Deeprose, citados por Danish e Usman, argumenta que a motivação dos funcionários e o nível de produtividade podem ser melhorados através do fornecimento eficaz do reconhecimento que, por sua vez, resulta em melhor desempenho da empresa[213]. Nesse sentido, o termo reconhecimento, sob o aspecto financeiro ou não financeiro, formal ou informal, estaria sendo usado como algo que produz sentimento de valor e apreciação, aumentando o moral do empregado e, em última análise, a produtividade da organização. Enquanto as recompensas satisfazem necessidades, em certa medida materiais, Danish e Usman acreditam que o reconhecimento deve ser oferecido para manter os empregados motivados, apreciados e comprometidos. Como um conceito bem distinto das recompensas, o reconhecimento hoje em dia é da mais alta necessidade de acordo com a maioria dos especialistas, pois as recompensas, que incluem todos os benefícios monetários compensatórios, não podem servir como os únicos motivadores para o programa de motivação dos funcionários.

> *"O papel das diferentes formas de recompensar e de reconhecer é comunicar algo. O desafio é assegurarmos a comunicação de algo que a organização quer disseminar."*
>
> BEVERLY ZIMPECK

O reconhecimento não financeiro (simbólico) é visto por Armstrong[214] como um dos mais poderosos motivadores, na medida em que as pessoas precisam saber não somente quão bem atingiram seus objetivos, mas também que são apreciadas. Esse reconhecimento, no entanto, pode se valer de elementos financeiros - ou tangíveis - e não financeiros, característicos de uma boa prática de gestão. Para Armstrong o reconhecimento deve estar sempre presente quando um empregado ajuda voluntariamente outros colegas de trabalho que se encontram sobrecarregados; quando fornece uma ajuda extra a clientes ou consumidores, quando trabalha até mais tarde em finais de semana não remunerados, para atendimento de um trabalho importante, temporário ou permanente, não inserido originalmente em suas responsabilidades. O reconhecimento também se aplica, segundo o pesquisador, quando um empregado demonstra um comportamento de valor, aperfeiçoa processos de trabalho, sustenta alto nível de serviço aos clientes, sugere ações para redução de custo quando tal atividade não integra suas responsabilidades, gera aumento nas receitas quando tais ações não se encontram entre suas atividades, gera redução de custo quando tal responsabilidade não se encontra entre suas atividades, quando toma parte de um projeto importante fora das funções do seu cargo, quando adota um comportamento de valor com grande impacto no longo prazo.

> *"A grandeza não consiste em receber honras, mas sim em merecê-las."*
>
> ARISTÓTELES

O termo reconhecimento, imerso inicialmente no contexto mais amplo das recompensas, é destacado como resultado subjetivo do julgamento do trabalho do indivíduo pela organização, referindo-se tanto à qualidade do trabalho como à contribuição à gestão e ao desenvolvimento organizacional. Segundo Costa, Salles e Fontes Filho, o reconhecimento pode significar uma retribuição moral-simbólica dada ao empregado como compensação por sua contribuição, por meio do engajamento e comprometimento de sua subjetividade e inteligência, à eficácia da organização. Essa percepção implicaria a noção de julgamento sobre o reconhecimento e, em consequência, sobre as perspectivas de realização do indivíduo, ou seja, no seu sentimento de pertencimento e identificação com os valores organizacionais.

Grahan e Unruh, citados por Nelson e Economy, sugerem que o termo reconhecimento está mais associado aos aspectos não financeiros, entre os quais um elogio proveniente do gestor a um empregado em função de um trabalho bem feito. Destacam Nelson e Economy que o reconhecimento é uma das mais poderosas ações que um gerente pode tomar no sentido de aumentar a produtividade dos empregados, melhorar o moral e o senso de significado do trabalho. Em muitas organizações, no entanto, o reconhecimento seria pouco utilizado ou até mesmo adotado de forma aleatória. Para eles, o reconhecimento não financeiro, quando direcionado ao desempenho individual, pode ser um grande direcionador para aumento da qualidade e da quantidade, em detrimento da recompensa. Assim, ainda que o dinheiro possa ser importante para fazer com que os empregados compreendam suas contribuições para a organização, tende a não ser um fator sustentável de motivação para muitos indivíduos. Isso quer dizer que aumento salarial é bom, mas não é isso que motiva as pessoas a fazerem um bom trabalho.

Para Silverman, o conceito de reconhecimento diz respeito às considerações especiais e destaque de algo feito por um empregado. Um exemplo de reconhecimento pode ser aquele em que um indivíduo recebe uma premiação por atos de bravura. Destaca o referido autor que, embora o reconhecimento possa encorajar e suportar certos comportamentos, não possui a mesma relação de troca característica das recompensas. Para ele, o reconhecimento ocorre depois do fato, buscando reforçar a motivação intrínseca. As recompensas, por outro lado, estariam mais direcionadas à motivação extrínseca, que pode encontrar sua maior efetividade quando o empregado possui pouco ou nenhum interesse pela execução de determinadas atividades[215].

> *"Os grandes navegadores devem sua ótima reputação
> às grandes tempestades."*
>
> EPICURO

Exemplos apresentados por Hanashiro e Marcondes, em estudo sobre recompensas não financeiras para posições executivas, reforçam a aplicação prática do reconhecimento citado por Silverman e Armstrong[216]. Nele estariam incluídas a oportunidade para criar no trabalho, a oportunidade de progresso na carreira, a participação nas decisões que envolvem a área de atuação, autonomia no trabalho, convite para participar de um estudo importante, um agradecimento público por algo bem feito, a liberação de horário para fazer pós-graduação, um estágio no exterior, cursos de pós-graduação no país ou no exterior, um dia de folga por semana, uma viagem com direito a acompanhante e visitar a matriz, a filial ou outra empresa no exterior. Tais exemplos poderiam ser vistos como reconhecimento do valor agregado por um empregado ou do potencial para agregar valor e, ao mesmo tempo, como um incentivo para comportamentos, atitudes e resultados. Pessoas que surgem com boas ideias também devem ser elegíveis ao reconhecimento[217], que deve ser amplificado para produzir estímulos coletivos. Nesse mesmo contexto, reconhecer e recompensar, de qualquer modo, pode ser traduzido como experiências que exigem comemorações, conforme destacado por Barlow e Maul, citadas anteriormente.

Recompensa e Reconhecimento com Visões Distintas

Caird e Aranwela, ao descreverem o processo de mudança em uma organização, demonstram a diferença entre recompensar e reconhecer. Afirmam que as práticas de reconhecimento, como algo distinto das práticas de recompensa, foram enfatizadas, tendo em vista que o processo de recompensar normalmente é mais simples, pois possui verba previamente definida e orçada. As ações de reconhecimento, por outro lado, exigem maior atenção, uma vez que reconhecer envolve um esforço interpessoal que não é encontrado facilmente em todos os gestores. Deste modo, na medida em que existem divergências – mais conceituais do que práticas – sobre recompensa e reconhecimento, o quadro 2 – sobre características predominantes e normalmente distintivas das recompensas e do reconhecimento – tem como objetivo resumir as características normalmente distintivas de recompensar e de reconhecer, considerando-se o conjunto dos autores analisados e dos exemplos por ele citados.

As diferenças podem ser particularmente úteis na compreensão da meritocracia a ser discutida com os executivos de Recursos Humanos, principalmente nas questões que se referem à relação de troca, prevalente nas recompensas, e no caráter discricionário e subjetivo, prevalente nas variadas aplicações do conceito de reconhecimento. O quadro sugere que as diferenças entre recompensar e reconhecer estão menos associadas à presença de aspectos financeiros – embora sejam maiores em relação às recompensas – e mais associadas ao critério de julgamento do merecimento, imerso em variáveis quantitativas e/ou qualitativas.

Quadro 3: Características predominantes e normalmente distintivas das recompensas e do reconhecimento

Recompensa	Reconhecimento
Direcionada para metas quantitativas definidas pela organização: é necessário conectar "as recompensas às metas da organização" (NELSON; ECONOMY, 2005, p. 70-71); regularmente associada às atividades de vendas, em novos negócios (BARLOW; MAUL, 2001).	**Direcionado para valores, atitudes e comportamentos**: quando, por exemplo, um empregado demonstra um comportamento de valor, aperfeiçoa processos de trabalho, sustenta alto nível de serviço aos clientes, sugere ações para redução de custo, quando tal atividade não integra suas responsabilidades [...]; quando adota um comportamento de valor com grande impacto no longo prazo (ARMSTRONG, 2007, p. 388)
Critério objetivo de aferição: uso de critérios objetivamente construídos, tais como "desenhar e produzir um relatório mensal de vendas antes do final do primeiro trimestre do ano fiscal". A medição seria, nesse caso, "uma data específica"; "aumentar a quantidade de pedidos processados, por empregado, de 100 a 125 por dia" ou "aumentar o faturamento de um produto em 20% no ano fiscal" (NELSON; ECONOMY, 2005, p. 146).	**Critério subjetivo de julgamento**: "deve ser oferecido como forma de demonstrar o apreço da organização pelo empregado" (DANISH; USMAN, 2010, p. 160); resultado subjetivo do "julgamento do trabalho do indivíduo pela organização", referindo-se tanto "à qualidade do trabalho como à contribuição à gestão e ao desenvolvimento organizacional" (DEJOURS, 2002).
Relação de troca entre a organização e seus empregados: relação direta de troca (SILVERMAN, 2004, p. 2; CAIRD; ARANWELA, 2008) ou de esforço-resultado (McMUNN, 1978, p.187); "você recebe o que você recompensa" (NELSON; ECONOMY, 2005, p. 61), admitindo-se uma relação de causa (recompensa) e efeito (resultados); recompensas sugerem troca, tal como "faça isso para mim ou para a organização que, em retorno, darei a você uma recompensa, um incentivo, mais status e promoção" (HERZBERG, 1987).	**Reforço aos valores da organização:** a retribuição moral-simbólica dada ao indivíduo como compensação por sua contribuição, por meio do engajamento e comprometimento de sua subjetividade e inteligência, à eficácia da organização (DEJOURS, 2002); pessoas "que surgem com boas ideias" também devem ser elegíveis ao reconhecimento (FITZ-ENZ, 2001, p. 226).

Comunicada antes do fato gerador do pagamento: "recompensas são promessas" (SILVERMAN, 2004, p. 2); situações em que um empregado conhece as metas de determinado programa de recompensa e "faz alguma coisa para receber" uma premiação que age como "um incentivo" (SILVERMAN, 2004, p. 2).	**Comunicado após o fato gerador:** o reconhecimento ocorre depois do fato, "buscando reforçar a motivação intrínseca" (SILVERMAN, 2004, p. 2); "receber algum reconhecimento inesperado depois de fazer algo é bem diferente de se ter recebido a promessa de um prêmio se a pessoa realiza um bom trabalho" (KOHN, 1998, p. 290); pessoas "que surgem com boas ideias" também devem ser elegíveis ao reconhecimento (FITZ-ENZ, 2001, p. 226).
Normalmente impessoal: a "premissa de que recompensas influenciam comportamentos é um dos pilares da remuneração variável" — adotada para um mix de resultados individuais, de grupos ou organizacionais. Para esse autor, sistemas de recompensa motivam as pessoas, pois "as pessoas farão as coisas que tragam a elas as recompensas" (BELCHER, 1996, p. 220).	**Predominantemente pessoal:** essa percepção implica [...] a noção de julgamento que recai sobre o reconhecimento e, em consequência, sobre as perspectivas de realização do indivíduo, ou seja, no seu sentimento de pertencimento e identificação com os valores organizacionais (DEJOURS, 2002, apud COSTA; SALLES; FONTES FILHO, 2010, p. 1437); para Silverman (2004, p.2), o conceito de reconhecimento diz respeito às considerações especiais e destaque de algo feito por um empregado.
Reforço à motivação extrínseca: as recompensas estariam mais direcionadas à motivação extrínseca, que pode encontrar sua maior efetividade quando o empregado "possui pouco ou nenhum interesse" pela execução de determinadas atividades (CAMERON et al., apud RODRIGUES; REIS NETO, 2011, p. 6).	**Reforço à motivação intrínseca:** produz um "sentimento de valor e apreciação", aumentando o moral do empregado e, em "última análise, a produtividade da organização" (DEEPROSE, 1994, apud DANISH; USMAN, 2010, p. 160).
Maior impacto no controle do comportamento: As "recompensas direcionam os esforços dos empregados, reforçando comportamentos" ou mesmo controlando-os (SCHIEHLL; MORISSETTE, 2000).	**Menor nível de controle do comportamento:** "receber algum reconhecimento inesperado depois de fazer algo é bem diferente de se ter recebido a promessa de um prêmio se a pessoa realiza um bom trabalho" (KOHN, 1998, p. 290).
Mais simples: do ponto de vista da previsibilidade, as recompensas são mais simples. O processo de recompensar normalmente é mais simples; possui verba previamente definida e orçada (CAIRD; ARANWELA, 2008, p. 75).	**Mais complexo:** as ações de reconhecimento, por outro lado, discricionárias, exigem maior atenção, uma vez que reconhecer envolve um "esforço interpessoal" que não é encontrado "facilmente em todos os gestores" (CAIRD; ARANWELA, 2008, p. 75).

Fonte: elaboração própria

A reflexão sobre recompensar e reconhecer nos conecta, em outra dimensão, à meritocracia, objeto deste trabalho de pesquisa. Para Allen, a meritocracia deve ser percebida além da visão meramente administrativa; deve ser analisada pela perspectiva da ambição, do desprendimento e do alinhamento a determinados objetivos. Para esse autor, isso faz parte de uma transição global que mudou os princípios da meritocracia para quase além do reconhecimento[218].

A MERITOCRACIA SEGUNDO A PESQUISA

"A sorte é apaixonada pela eficiência."

PROVÉRBIO PERSA

Ao contrário do que fora imaginado quando da sugestão do tema 'meritocracia' para um estudo aprofundado, o assunto mostrou-se complexo e delicado para alguns profissionais e organizações, particularmente para aquelas com capital aberto e/ou exposição no mercado, nacional ou local, em que pese a ampla divulgação do termo no sítio das próprias empresas, em vídeos produzidos para os empregados, revistas, campanhas internas ou programas vinculados à gestão de pessoas. Em nenhum desses casos, por uma combinação de razões, a entrevista[219] foi realizada.

Onze profissionais, ocupantes de posições executivas, direta ou indiretamente vinculadas à presidência de suas organizações, aceitaram o convite e foram então entrevistados. A maioria deles em seu próprio local de trabalho. Tais profissionais, que atuam em organizações com sede no Rio de Janeiro ou em São Paulo, foram identificados por pertencerem a empresas que explicitavam a meritocracia ou, alternativamente, por terem atuado em tais organizações. Em um dos casos, foi informado pelo entrevistado que o termo não é explicitado em sítios ou em programas, embora o termo fosse usado com frequência pela área de RH. Todos os executivos entrevistados atuam ou atuaram em organizações com mais de 4.000 empregados. Os cargos dos entrevistados, cujos títulos efetivamente adotados em suas organizações foram omitidos neste livro, variaram entre gerente, diretor, diretor executivo e vice-presidente. Seus nomes foram também omitidos e trocados por outros nomes.

> *"Aja rapidamente, pense sem pressa."*
>
> PROVÉRBIO GREGO

Observou-se, na maioria dos casos, que a experiência pessoal com a meritocracia se deu ao longo do tempo, independente dos cargos ocupados ou mesmo da organização em que se encontram atualmente ou em que se encontravam. Um entrevistado estava em transição de carreira no momento da entrevista. Outro, após atuação em grandes organizações, desenvolve trabalho como consultor. No convite para a entrevista, verbalmente ou por escrito, diretamente ou através de terceiros, o tema meritocracia foi explicitado como sendo o tema central da conversa, embora sem informação adicional sobre as questões a serem formuladas.

Na abertura da entrevista e após o 'quebra-gelo', foi dito que muito se fala sobre meritocracia, mas usualmente na perspectiva ideológica, como um valor, estando a entrevista direcionada para o ponto de vista prático da meritocracia no contexto organizacional. Em todos os casos foi acordado que a entrevista teria como foco o próprio executivo, sua experiência e percepção, ora como um recurso humano - empregado da empresa -, ora como gestor - preposto da organização- independente das políticas e/ou práticas vigentes nas organizações em que trabalha ou para as quais já trabalhou. Nesse contexto, foi destacado que não haveria 'estudo de caso' envolvendo a meritocracia em suas empresas, levantamento dos programas ou dados relacionados.

Todos os entrevistados foram apresentados neste livro como executivos, gênero masculino, independente do gênero de cada um deles, como forma de ampliar a confidencialidade. Embora não tivesse sido parâmetro para seleção, os entrevistados possuem, pelo menos, dez anos de experiência profissional, com destaque para funções envolvendo gestão de Recursos Humanos; atuam ou atuaram, há pelo menos três anos, em organizações que explicitavam a meritocracia entre seus valores, políticas e/ou práticas. As entrevistas foram gravadas e posteriormente transcritas sem a inclusão de conversas ou temas eventualmente paralelos ou secundários, interrupções para atendimento telefônico, verificação de agendas, café e afins. A transcrição buscou respeitar as pausas, as inflexões e a dinâmica da linguagem oral. Não foram considerados, no entanto, vícios de linguagem e alguns erros característicos do discurso coloquial. Foram também omitidas citações sobre formação, nome da empresa, nome de programas internos ou outros que pudessem auxiliar na identificação dos entrevistados.

Os 11 entrevistados representam 52% dos 21 executivos convidados para o trabalho de pesquisa. Dos 11, oito atuam em empresas privadas e três em empresas vinculadas ao governo. Os executivos que não puderam participar da pesquisa, por falta de interesse, de disponibilidade de agenda ou mesmo por restrição internas de participação, não explicitaram formalmente a não aceitação. Um executivo de uma grande empresa multinacional de serviços aceitou participar mas, por questões de agenda de viagens, solicitou as questões por escrito (email) e a partir desse momento, não mais respondeu ou retornou os contatos. Outra empresa do mesmo ramo, e que também explicita a meritocracia, internamente e para seus clientes, não respondeu ao convite de participação.

Um terceiro executivo, de um grupo nacional, demonstrou interesse em participar da pesquisa e, através de profissionais conhecidos, indicou que aceitaria participar da entrevista. Não fixou, no entanto, data para a entrevista e não retornou a ligação para agendamento ou respondeu *emails* sobre o tema, demonstrando, implicitamente, que desistira de participar. Um quarto convidado aceitou inicialmente o convite, mas informou que precisava conversar com o departamento jurídico da organização. Mesmo sendo informado de que se tratava de uma entrevista de opinião pessoal sobre o tema meritocracia, foi mantida a necessidade de envolvimento da área jurídica. Os contatos não mais foram retornados, demonstrando a falta de interesse, disponibilidade ou a não aceitação. Profissionais de duas outras organizações foram contatados, mas apresentaram algumas dificuldades de participação, tendo em vista a localidade da empresa e a dificuldade de acesso para o entrevistador. A um deles se ofereceu a opção de entrevista pelo *skype*, aplicativo que permite imagem e som, opção essa também considerada, formalmente, inadequada pela empresa. Os demais executivos passíveis de entrevista, de empresas públicas e privadas, receberam emails, diretamente ou através de contatos, mas não se pronunciaram sobre a participação.

Aos entrevistados foram apresentadas sete questões de maneira relativamente uniforme, sequencialmente, buscando permitir a concentração das análises finais na percepção dos mesmos em relação ao tema meritocracia. As questões envolveram (i) o que é meritocracia; (ii) o que caracteriza a meritocracia no contexto organizacional; (iii) qual o impacto da meritocracia para a gestão de pessoas; (iv) o que distingue recompensa e reconhecimento no contexto da meritocracia; (v) onde a meritocracia encontra mais dificuldade: nas recompensas ou nas ações de reconhecimento?; (vi) que ações meritocráticas podem ser tomadas a partir da avaliação de desempenho (ou de outros elementos de medição); e, por fim, (vii) o que não é meritocracia.

A Meritocracia na Visão de Executivos de RH

Um dos executivos entrevistados[220] resgatou da memória – e apenas este o fez – o momento em que a palavra meritocracia teria surgido no contexto organizacional brasileiro (privado); não como algo novo ou distintivo, mas sim para caracterizar uma situação em que recompensas ou reconhecimento eram canalizados para pessoas com maior 'valor agregado', situação em que critérios pessoais eram colocados – pelo menos em tese – em segundo plano, em prol de julgamentos ou avaliações mais estruturados, onde as concessões buscavam alcançar os empregados mais alinhados corporativamente. Eram ações compartilhadas com as lideranças, em todos os níveis, com a coordenação da área de Recursos Humanos. Para ele o surgimento do termo meritocracia ocorreu

> *mais ou menos por volta de 1986, 1991. As empresas [referindo-se ao Brasil] já praticavam essse modelo de meritocracia, mas não chamavam de meritocracia. Começaram a chamar a partir dali. Muitas empresas grandes começaram a usar esse termo nessa época. Meritocracia para lá... Tem que ser meritocrático. E a gente começou a usar também. (JEFFERSON)*

Reforçando o comentário anterior, salientou o executivo que

> *O que se fazia continuou a ser feito. A palavra é que passou a ser usada como forma de representar [algo mais focado no merecimento]. A gente tem que praticar a meritocracia [...a]través do modelo de gestão do*

desempenho, organizando as pessoas, promovendo as pessoas melhores. Isso é de longa data. (JEFFERSON)

A gente começou a usar [a palavra meritocracia] por entender que isso era importante e por entender que o pessoal [das outras empresas] já estava começando a usar como sendo um nome na prática. (JEFFERSON)

A partir desse comentário, registrar a descrição ou a caracterização da meritocracia no contexto organizacional, como prática quotidiana, apresentou-se como um desafio importante, mesmo para os experientes executivos de Recursos Humanos que atuam em organizações que explicitam o referido termo. Mas o que seria meritocracia no contexto da gestão de RH, dentro das organizações que operam no Brasil? Quais práticas caracterizam a meritocracia por eles experienciada ao longo dos anos, tanto na condição de empregados quanto na de executivos?

O QUE É MERITOCRACIA NO CONTEXTO ORGANIZACIONAL

As entrevistas sugerem que a meritocracia pode ser descrita, definida, conceituada, apresentada ou referirda de maneiras distintas, embora não mutuamente exclusivas, nem mesmo para os executivos entrevistados. Nas entrevistas conduzidas a meritocracia foi apresentada na perspectiva (i) institucional ou corporativa; (ii) das ações tomadas pela organização; (iii) de uma cesta de atributos ou condições, que vão além da avaliação de desempenho clássica; (iv) de uma troca quantitativa de curto prazo; (v) do ato de recompensar ou reconhecer; ou (vi) (apenas) como uma permanente tentativa de alinhar recompensa e reconhecimento ao merecimento individual.

A meritocracia na perspectiva institucional ou corporativa: nessa perspectiva a meritocracia precisa ser anunciada corporativamente, de forma centralizada, como um direcionador, um valor para a organização, um modo de gerir pessoas, uma estratégica empresarial, um modelo de organização e gestão da força de trabalho, uma abordagem corporativa de Recursos Humanos, uma mentalidade a ser reforçada, um determinado programa ou um paradigma para a gestão de pessoas. Por essa ótica a meritocracia é dependente de políticas formais, sistemáticas, de avaliação de desempenho ou de competências, sistemas, mecanismos de controle dos resultados e diferentes formas de recompensar e de reconhecer. Trata-se de uma perspectiva dependente da explicitação da palavra meritocracia em programas internos, sítios na internet, vídeos institucionais e afins, interna e/ou externamente para os diferentes *stakeholders*.

Na perspectiva 'institucional' ou 'corporativa', o entendimento predominante é de que a meritocracia deve permear todos os subsistemas da gestão de RH em que as entregas[221] das pessoas possam oferecer oportunidades para concessões de recompensas ou de formas de reconhecimento por parte das lideranças da organização, em todos os níveis. A partir dessa visão, a diretriz meritocrática exige a explicitação daquilo que é e do que não é meritório, dos valores organizacionais que precisam ser compartilhados, das diferenciações que deverão ser apresentadas como justificativas para recompensas e ações de reconhecimento. Assim, meritocracia, na visão dos entrevistados

> *é um modelo de gestão. (MOREIRA)*

> *[é] uma forma de gerenciar o trabalho e as pessoas, onde o mérito é o critério principal para garantir as recompensas...e [...] a trajetória dos trabalhadores no âmbito de uma organização. (MOREIRA)*

> *Eu diria que é um sistema [...] (MOREIRA*

> *é um braço da estratégia empresarial [...] Eu creio que a meritocracia é um braço dessa estratégia da...reforça o alcance dos objetivos organizacionais. (ROCHA)*

> *[exige] uma política, por exemplo, programa [...]. (JEFFERSON)*

> *é orquestrar as práticas de Recursos Humanos de tal forma que aqueles que entregam mais resultados mereçam mais. (LUCAS)*

> *é você ter dentro do ambiente de uma empresa [...] o mindset [...] para criar mentalidade; você tem que dar os incentivos corretos, os processos corretos [...] (COUTINHO)*

> *para mim, a melhor definição é esse conceito da [cita o nome de uma consultoria de RH muito famosa entre os profissionais de remuneração] de recompensa total[222]. (MAURÍCIO)*

Adotada como forma de *"alavancar os resultados que a empresa deseja"* ou os objetivos que *"devem ser alcançados"* (ROCHA), a meritocracia é algo que *"tem a ver com o desempenho da própria organização"*, pois a *"organização que valoriza o mérito [...] tem um desempenho superior"* (MOREIRA). Caracteriza-se, desta forma

> *[como algo que] vai levar a performance superior, e eu acho que a perfomance vai ser um grande indício que existe meritocracia ali dentro. (COUTINHO)*

> *[de um modo que a] gente tem que ter muito claro que nós somos uma empresa que tem que ter lucro, tem que ter resultado. É isso que faz com que a gente consiga pagar salário, consiga pagar imposto, movimentar a economia, gerar riqueza. A gente não é ONG! A gente tem que ter isso muito claro! (COUTINHO)*

É necessário, contudo, ter uma dimensão da 'dose' de meritocracia no ambiente, pois em um primeiro momento *"você gera mais desconforto, num sentido positivo"* (LUCAS). Dose excessiva ou sem controle pode estimular desavenças e ações que trarão consequências negativas no médio e no longo prazo para a integração de profissionais, compartilhamento de informações entre setores e departamentos, grupos e indivíduos. O executivo acredita que algumas *"empresas [...] levaram esse conceito de meritocracia [...] a um uso exagerado"*, o que pode ter um efeito contrário ao desejado num primeiro momento.

> *Você pode chegar até o extremo [...]. Essa questão de competitividade... ela tem doses diferentes e pode chegar até a uma competitividade de você querer matar o colega! (LUCAS)*

Nessa mesma linha de raciocínio, outro executivo acredita que a meritocracia pode criar uma atmosfera de premiações e punições que, combinadas dinamicamente, geram *"estresse; uma competição"* e *"inveja organizacional"*, além de disputa de poder, ajuda mútua, dificuldade para mudanças e melhoria nas interrelaçoes departamentais (AUGUSTO), paradoxalmente um misto de questões positivas e críticas.

A meritocracia na perspectiva das ações tomadas: uma ou mais ações, no campo da gestão de pessoas, que relacionem recompensas e reconhecimento às entregas dos empregados já são suficientes para que uma organização adote o termo meritocracia ou se autoproclame organização meritocrática, independentemente de anúncios corporativos relacionados à palavra meritocracia. Nesse caso, a relação entre avaliação do desempenho e aumentos salariais, premiações, incentivos financeiros, mobilidade – carreira, promoção, deslocamento – pode ser traduzida como meritocracia, não sendo necessário explicitar, interna ou externamente, o referido termo, na medida em que a relação esforço e recompensa é por si só meritocrática. Assim, o termo meritocracia pode ser usado para caracterizar uma situação em que a ação efetivamente tomada em relação a determinado empregado se valeu de aspectos passíveis de merecimento e não de relações de amizade, laços familiares, preferências, atributos pessoais ou tempo de empresa. A meritocracia, na visão de alguns entrevistados é algo que pode ocorrer ou não em qualquer ambiente. A meritocracia

> [ocorre] Onde as decisões, especialmente às relativas às carreiras, são tomadas baseadas no mérito. Ponto! (COUTINHO)

> [...] é a instituição do mérito [...] Mérito é você recompensar em função de algo merecido. (AUGUSTO)

> é uma forma de diferenciar quem entrega de quem não entrega; é destacar [...] quem são aqueles que agregam valor para a organização [...] e você, a partir dessa identificação [...] reconhecer, de alguma forma, essas pessoas. (ROCHA)

> é reconhecer aquelas pessoas que têm melhor desempenho e, evidentemente, não reconhecer aquelas que não têm desempenho tão bom. (JEFFERSON.

> é a diferenciação de pessoas que atinjem objetivos de forma diferenciada: merecem alguma premiação, algum reconhecimento por essa forma diferenciada de atingir objetivos, uma forma diferenciada ou objetivos diferenciados em relação aos outros. Então, é você tratar o diferente de forma diferente. (ZAGALO)

> é você promover [...] o ambiente onde as pessoas que entregam resultados ou que performam mais do que as

> *outras ou que têm posições fortes, de destaque, sejam reconhecidas. (MARCELO)*

> *É [...] reconhecer financeiramente [...] em termos de oportunidades e de desenvolvimento, reconhecer, em termos de alocação de desafios, a pessoa que entrega mais resultado. Então, há um histórico de resultados que faz com que a pessoa mereça mais grana, [...] mais desafios, [...] crescer na carreira. [...] (LUCAS.*

> *é entrega, é foco na entrega, é foco em quem está levando a empresa para frente, quem está se diferenciando, quem dá o seu melhor. (JAIR)*

> *Avaliação de desempenho estar atrelada à remuneração é uma questão que o governo entende como meritocrática. (AUGUSTO)*

Mas não bastam ações isoladas e pontuais, alertaram alguns executivos. Para a meritocracia efetiva, é necessário que as ações ocorram em função de um desejo genuíno de cada liderança, em todos os níveis da organização, como parte das ferramentas ou recursos de liderança no dia a dia. Nesse contexto, as ações meritocráticas devem ocorrer *"não porque o chefe está mandando, mas porque ele [o gestor] acredita. Porque só vai funcionar se ele realmente acreditar!"* (COUTINHO). Para outro executivo entrevistado

> *O grande pulo do gato é você fazer de maneira consistente, tipo agir em todos os níveis [...] Esse pensamento tem que percorrer a empresa, não só alto escalão. Qualquer liderança dentro da empresa. (COUTINHO)*

Porque uma liderança meritocrática

> *Reconhece e cria oportunidade para os talentos de forma acelerada, identifica a performance individual diferenciada, garantindo a premiação adequada e a avaliação transparente [...] É a forma que a gente consegue mensurar comportamentalmente se o cara está sendo meritocrático. (COUTINHO)*

> *Tem que usar os critérios. Qual o seu critério enquanto gestor, de premiar e de dar aumento para as pessoas? (MAURÍCIO)*

> *se envolve diretamente com o recrutamento de gente boa, dá feedback regularmente aos subordinados, se mostra engajada em ações de desenvolvimento e de coaching, reconhece, cria oportunidades e promove os talentos de forma acelerada, busca e compartilha informações com todos. [...] assume a responsabilidade e consequência de suas decisões e/ou do seu time, exige que todos os projetos debaixo de sua responsabilidade tenham um dono claro e identificado toma decisões considerando o efeito delas no longo prazo para a empresa e inspira os outros a fazerem mais e melhor. (COUTINHO)*

Assim, por esse ângulo, o papel de cada liderança é o de dar forma e valor à meritocracia, pois cabe a cada uma delas *"reconhecer o mérito de quem se destaca".* É papel do gestor, com o suporte da área e das políticas de Recursos Humanos, *"colocar os esforços, as recompensas, o reconhecimento em si nas pessoas que merecem"*; é a liderança *"realmente focar em quem tem mais mérito de ser reconhecido","buscar [...] diferenciação dos talentos, das pessoas que realmente fazem a diferença para a empresa"* (JAIR).

> *"A avaliação de desempenho é um dos raros encontros humanos em que o avaliador não dorme na noite anterior, e o avaliado não dorme na noite seguinte."*
>
> AUTOR NÃO IDENTIFICADO

Na perspectiva de uma cesta de atributos e condições: uma determinada combinação de atributos e condições pode facultar o uso do termo meritocracia, uma vez que o termo apresenta-se como uma premiação ou decisão sobre mobilidade interna – promoção ou deslocamento – baseada numa combinação complexa de fatores, que podem envolver a avaliação de desempenho, das competências individuais *"e mais alguma coisa"* (ROCHA). Esse algo mais pode evitar que a avaliação de desempenho tradicional seja *"forçada"* pelo gestor ou mesmo que a meritocracia possa estar circunscrita a uma *"relação de causa e efeito"* meramente burocrática, sem conexão com o impacto das ações no contexto empresarial (ROCHA); deve envolver, nesse caso, uma cesta de atributos ou de condições. A meritocracia deve considerar – além dos resultados da avaliação de desempenho, das realizações individuais do empregado – aspectos que ampliem a imagem do empregado para a organização. Para esse executivo é necessário perguntar:

> *Passou? Foi aprovado nesse campeonato? [no processo de avaliação do desempenho] E aí vai para outro campeonato maior. Seria a questão da meritocracia. E aí entraria o processo do desempenho, atuação, o potencial do empregado em [...] fazer mais no futuro [...] O próprio posicionamento salarial desse empregado; você também precisa olhar para saber como que você consegue calibrar isso.* (ROCHA)

A meritocracia estaria também, na visão de outro executivo, *"entre os vários critérios possíveis para que as pessoas possam ocupar suas funções",* podendo tais critérios envolver demandas do *"mercado [por] posições, reconhecimento; aquilo que ela entrega"* para a empresa (MOREIRA), entre outros aspectos quantificáveis ou não, mensuráveis ou não. Corroborando com tais visões, outro executivo destacou que meritocracia existe quando reconhece, além dos resultados previamente estabelecidos ou definidos, o esforço individual, as competências que o empregado oferece ou que pode oferecer à organização, a forma como desenvolve suas atividades e sua capacidade empreendedora para além das métricas previstas. De acordo com o referido executivo, meritoracia não é uma relação objetiva de troca, mas

> *a gente reconhecer o esforço de um indivíduo, as competências de um indivíduo, a forma como ele contribui para a organização, para desenvolvimento de um determinado empreendimento e recompensá-lo de forma proporcional.* (NILTON)

A meritocracia, como algo proveniente de uma visão mais ampla do indivíduo, foi também observada na fala de outro executivo, para quem *"o desempenho que ela [a pessoa] empresta à organização é o principal critério de reconhecimento dela dentro de uma organização"* (MOREIRA), mas não pode ser o único critério. Existem, para o entrevistado, outras questões associadas e que podem envolver engajamento, alinhamento com os valores organizacionais e compromisso com o longo prazo. Para esse executivo essa questão pode ser classificada como *"meritocracia na organização".* O merecimento, no contexto da meritocracia, precisa ser compreendido de forma ampla e integrada, pois seria fruto de uma combinação complexa que pode envolver o desempenho quantitativo, o senso de compromisso do indivíduo com a organização e seu comportamento no dia a dia, tanto em relação à empresa, quanto em relação aos colegas, equipes de trabalho e lideranças em geral. Para esse executivo é necessária uma pergunta chave e uma pronta resposta:

> *O que é baseado no mérito? É a performance da pessoa, tanto em relação ao que entregou em relação às metas, compromissos mais 'hard', o que é mais mensurável, assim como ele se comportou, que é também mensurável, e mais 'soft', mais 'light', comportamental mesmo! (COUTINHO)*

A meritocracia na perspectiva da relação de troca quantitativa de curto prazo: em visão diametralmente oposta, a meritocracia seria exclusivamente uma relação direta entre resultados quantitativos de curtíssimo prazo, com ciclos mensais ou trimestrais, ou de curto prazo, com ciclo anual e premiação em dinheiro, na forma de bonificação, gratificação ou participação nos resultados, formas correntes de remuneração variável. O termo estaria associado, nessa perspectiva, a resultados mensuráveis em um ciclo bem curto, que não capturaria aspectos importantes para a mobilidade do indivíduo, para sua carreira, desenvolvimento ou para progressão dos salários baseada em competências ou desempenho. A meritocracia estaria, por assim dizer, vinculada – apenas - a uma relação de troca objetiva, balizada em aspectos quantitativos. Metas de curto prazo, com viés quantitativo, embora importantes, seriam insuficientes para a sustentabilidade dos negócios ou mesmo para decisões mais amplas envolvendo o indivíduo, conforme observado em uma das entrevistas. De acordo com a visão do referido executivo

> *Meritocracia, eu entendo como muito associada aos resultados quantitativos de curtíssimo e... médio prazo... aí olhando de uma visão de um ano. (ZAGALO)*

A meritocracia seria, nesse caso, peça importante para o estabelecimento de metas de curto prazo, mas complementar, pois *"não necessariamente vai sustentar [a] visão de longo prazo"* da organização (ZAGALO). Essa troca de curto prazo – resultados *versus* premiação – não permite observar, de forma atenta e responsável, o talento individual, particularmente em funções de gestão. Atitudes e comportamentos são tão relevantes quanto os resultados mensuráveis ou de mais fácil mensuração (prazo, valor, tamanho, variação, quantidade); para a carreira, resultados são essenciais, ainda que não possam ser determinados de forma objetiva. A forma como os resultados são conquistados e a maneira como relações são estabelecidas, internamente, são também essenciais para a mobilidade e para tantas outras ações de desenvolvimento ou de reconhecimento - temas não cobertos, na visão do executivo, por sua visão sobre meritocracia.

A meritocracia na perspectiva do ato de recompensar ou de reconhecer: o ato de recompensar ou reconhecer em função de um conjunto de fatores ou atributos, objetivos ou não, apresentou-se como algo dinamicamente associado à meritocracia em certas entrevistas. Nesses casos, a palavra meritocracia representa a ação efetiva de conceder aumento salarial, gratificação ou premiação, independente dos processos de julgamento ou do critério avaliação ou mensuração dos resultados ou do desempenho qualitativo. Para um executivo, por exemplo,

> *O gerente deverá ser avaliado e a meritocracia dele vai fazer também com que os objetivos organizacionais sejam alcançados. (ROCHA)*

Ao destacar que um determinado gestor 'recebe' uma meritocracia, o executivo está, por certo, referindo-se à premiação, gratificação ou remuneração variável, sendo esta consequência – o efeito ou o pagamento – a tangibilização da meritocracia, que não é encarada somente como um processo, mas também com a ação de premiar. O entrevistado, ao se reportar às ações internas de sua organização, destaca o sistema dentro do qual a meritocracia está inserida. Disse ele:

> *A gente tem um plano de carreira que [...] se movimenta para o sistema de avaliação de desempenho e culmina na meritocracia. Então a gente vê que todo o nosso sistema de carreira e desempenho está tendo um movimento com o desenvolvimento, com a promoção das pessoas. (ROCHA)*

Apenas um dos entrevistados observou a palavra meritocracia como o ato de conceder recompensa ou reconhecimeto em função de um conjunto complexo de variáveis, do mesmo modo como apenas um executivo observou meritocracia como uma relação de troca objetiva e de curto prazo entre a organização e seus empregados.

A meritocracia como uma tentativa: nessa perspectiva a meritocracia é algo permanentemente inacabado, em construção ou em reforma, por ser complexo, por tomar como base o indivíduo, que é parte integrante de equipes, que alcançam resultados apoiando-se nas ações de outros indivíduos ou de outras equipes. Avaliados a partir de variáveis quantitativas, objetivas e outras, qualitativas, subjetivas, a meritocracia pode também ser descrita como uma tentativa: *"uma tentativa de [...] medir os esforços[223] individuais e recompensá-los de maneira proporcional [...]" (NILTON)*, uma tentativa de associar o desempenho às diferentes formas de recompensa e de reconhecimento.

Há que se considerar que a palavra desempenho, no contexto da meritocracia, de acordo com a visão dos executivos entrevistados, apresenta-se como um conjunto amplo, diversificado e complexo de fatores, mensuráveis ou não, tangíveis ou não, cuja importância varia de empresa para empresa, de situação para situação, de indivíduo para indivíduo ou mesmo em relação a um mesmo indivíduo. Pode contemplar atitudes e comportamentos em relação ao trabalho ou à organização, esforços ou resultados concretos, definidos institucionalmente, por áreas ou posições ou ainda diretamente pelas pessoas. Na maioria dos casos o referido termo foi apresentado como 'entrega' de algo pelos empregados. Em qualquer dos casos, no entanto, admite-se como premissa meritocrática que pessoas oferecem à organização diferentes resultados ou assumem diferentes posturas, atitudes e comportamentos que, de acordo com o entendimento das lideranças, fazem por merecer recompensas ou ações de reconhecimento. Assim, *"tratar todo mundo de forma igual não é ser justo, é ser injusto porque as pessoas são diferentes; as pessoas se comportam de maneira diferente, e consequentemente, você tem que tratá-las de forma diferente".* (COUTINHO)

Um alerta, no entanto, para a caracterização da meritocracia, de acordo com a visão de outro entrevistado: *"meritocracia não é reconhecer poucos, mas reconhecer mais os melhores"* (JAIR). Em outras palavras, meritocracia não é destacar poucos, mas fazer com que os que se destacam possam receber *"um pouco mais"* (JEFFERSON), seja de elementos tangíveis ou materiais, seja de elementos simbólicos.

A meritocracia como forma de dar satisfação ao público: embora não seja exatamente uma definição de meritocracia no contexto organizacional, não se pode desprezar o uso do termo apenas como uma forma de divulgar ou justificar a presença – por vezes apenas desejável – de critérios meritocráticos associados a pagamentos, concessões, mobilidade ou alocação de profissionais em determinadas organizações. Além do uso da palavra como modismo, um *"termo da hora"* (AUGUSTO) ou como algo que vem experimentando um *"desgaste"* pela ausência de uma prática efetiva (COUTINHO), um executivo entrevistado afirmou que em sua organização *"as metas são bem razoáveis, mas não podem ser sequer desafiadoras, pois não podem colocar em risco a gratificação"* orçada nos gastos com pessoal (AUGUSTO). Segundo o referido executivo, entre as *"premissas que orientam as discussões sobre meritocracia"* em sua organização, uma delas é de que *"a gratificação é para ser paga"*, não devendo o desempenho ou algum tipo de avaliação se apresentar como barreira. A outra, de *"que as metas devem ser razoáveis"* e, em muitos casos, associadas ao dia a dia do funcionário ou, em outras palavras, aquilo que já se espera que o empregado desenvolva. Para ele a

> *Avaliação de desempenho estar atrelada à remuneração é uma questão que o [nome do acionista] entende como meritocrática, porque é muito difícil para o [repete o nome] dar uma remuneração e não ter o controle [...] decorrente disso. Para ele justificar para a sociedade é muito difícil. Então, ele vai [...] atrelar na avaliação de desempenho. Se ela vai funcionar da maneira como se idealizou, é diferente...*
> **(AUGUSTO)**

Mesmo considerando-se que parte expressiva das metas depende dos resultados da organização, lembra que – por dedução – *"as metas da diretoria são também factíveis de serem atingidas"*, tornando difícil *"apertar os critérios para recebimento das gratificações mensais"* (AUGUSTO) se há uma dinâmica organizacional em que o termo meritocracia aparece como um desejo – por vezes isolado – de transformação de longo prazo. Assim, há que se compreender que a meritocracia pode ser um termo validador de ações internas, a despeito da consistência dessas ações, da percepção interna dos empregados ou dos demais *stakeholders*. A meritocracia, por outro lado, pode anunciar – mesmo que de forma tênue – algum prenúncio de mudança em determinadas práticas, principalmente quando é necessário *"sensibilizar os gestores"* (AUGUSTO) para uma gestão mais profissional e menos personalizada.

O que Caracteriza a Meritocracia

O que caracteriza a meritocracia em uma organização se a referida palavra não estiver escrita em alguma política interna ou inserida expressamente nos valores da organização? Como se perceberia a meritocracia no ambiente de trabalho? Quais são os sinais, os símbolos ou como se identifica a presença da meritocracia sem o uso visível da palavra?

Como pode ser depreendido, diferentes experiências e entendimentos levam a diferentes formatos para explicitação da meritocracia no contexto organizacional. A questão apresentada buscou capturar o que de mais tangível ou distintivo pode ou deve ser feito no contexto sobre meritocracia, particularmente quando a palavra é omitida do ambiente organizacional. Diversamente do que ocorreu em relação à definição da meritocracia, onde as opiniões giravam em torno de uma ideia central (relativamente) bem definida, a forma de demonstrá-la objetivamente encontrou espectro mais amplo e, por vezes, difuso.

Percebeu-se que a meritocracia pode ser demonstrada ou evidenciada simplesmente por ações transparentes associadas à promoção, à avaliação do desempenho, à concessão de premiações, embora não tenha sido possível capturar a abrangência e os limites do que seja transparência para os entrevistados. De uma forma geral, a meritocracia poderia ser percebida

> *[por] processos e sistemas transparentes. (JAIR)*

> *[pela] transparência [sendo ela, a transparência] o primeiro indício. (AUGUSTO)*

Ao exigir a transparência, a meritocracia auxiliaria na explicitação dos critérios que devem nortear a concessão de vantagens e, ao mesmo tempo, alinhar comportamentos de empregados e gestores em determinada direção. Para um executivo, a meritocracia

> *[...] explicita; ela traz transparência. Ela oficializa algo que já está subentendido dentro da equipe [...]. Você precisa definir o que é mérito para as pessoas poderem entender e, consequentemente, irem atrás dele para poderem ser reconhecidas ou recompensadas. (COUTINHO)*

Para outro executivo, a meritocracia é caracterizada por programas que remuneram, de alguma maneira, mesmo que o termo remuneração tenha que ser usado para além do dinheiro. Para esse entrevistado, a meritocracia é percebida por um conjunto de programas, de

> *[por] programas que de alguma forma remunerem, [que] de alguma maneira [...] reconheçam, mesmo que não seja financeiramente, pessoas que tenham desempenho diferenciado [...] Na medida em que você aumenta o número de programas que reconhecem esses resultados, desempenhos diferenciados... essa empresa tem implícito ou explícito - se tiver escrito em algum lugar - a meritocracia.*
> (ZAGALO)

Um entrevistado observa que a meritocracia pode ser percebida pela contratação de um *"tipo de pessoa, de ações que são feitas e as ferramentas que são conduzidas nessa empresa"* (MARCELO), destacando o perfil diligente e empreendedor das pessoas envolvidas. Outro entrevistado, embora colabore com a ideia de que a seleção de determinados empregados fornece uma dica sobre o ambiente meritocrático, prefere salientar que a meritocracia é caracterizada, nesse caso, pela ausência de critérios pessoais e discricionários, sem alusão ao perfil. Para ele a meritocracia está presente

> *[escolhendo-se] as pessoas certas para fazer determinado trabalho em função do conhecimento, da experiência e da qualidade que elas têm, dos resultados que elas têm auferido ao longo da sua jornada de trabalho...* (AUGUSTO)

> *[pela] escolha dos gestores... Escolhas dos gestores em função dos critérios específicos que referendem uma escolha mais acertada em função da experiência e da qualidade de seus resultados...* (AUGUSTO)

Símbolos, troféus, prêmios de destaque, medalhas e outros elementos normalmente associados à disputa ou vitórias auxiliam na caracterização de um ambiente que insere a meritocracia como um de seus direcionadores. Do mesmo modo, a meritocracia pode também ser tangibilizada com políticas formais – e visíveis - de Recursos Humanos com *"práticas de recompensa"* e diferenciadas formas de remuneração (NILTON). Para outro executivo, a meritocracia é caracterizada pelo

> *processo de avaliação, de identificação [...] que culmina [na] diferenciação e identificação de quem são os melhores ou dos que foram os melhores naquele determinado período e o reconhecimento dessas pessoas de forma diferenciada em relação aos outros.* (ROCHA)

De forma mais objetiva, a meritocracia pode estar presente também, por exemplo, quando ações efetivas no campo da remuneração são realizadas e, de certo modo, comunicadas aos envolvidos e à organização como um todo. Isso pode ocorrer com *"mudança do salário, participação em resultados"*. Destacou o entrevistado que sua organização possui uma *"política de meritocracia [...] implícita nas atitudes e nos resultados do que você faz para garantir que as pessoas que se desempenham melhor ganhem um pouco mais"*. (JEFFERSON)

Além dos processos, ferramentas de gestão de metas e resultados, perfil profissional, transparência e consistente processo de avaliação de desempenho, políticas e programas de gestão de pessoas, a meritocracia deve também ser percebida através das pessoas e de suas impressões sobre o ambiente e suas práticas. Para diversos executivos entrevistados, a meritocracia está presente quando é percebida pelos empregados. Nesse sentido, a meritocracia intencionada por uma organização depende da forma como as pessoas percebem a gestão de pessoas naquela organização.

O senso de justiça distributiva percebida – ou não – pelos empregados não depende, de certa maneira, da existência de uma diretriz, um programa ou ações diferenciadas associadas à gestão de pessoas. Por esse prisma, meritocracia existe se é percebida pelas pessoas, não existe, se não é percebida. A opinião dos empregados é o termômetro, sendo particularmente importante quando a empresa, além de explicitar o termo, considera parte de sua estratégia de gestão a distinção das recompensas e das formas de reconhecimento em função do valor agregado pelos indivíduos, criando certo sentido de justiça, de razoabilidade dos critérios, da ausência de premissas de proteção, de apadrinhamento ou de panelas.

Nesse caso identifica-se a presença da meritocracia

> *Perguntando para os profissionais se eles reconhecem que as promoções vão para os melhores. Os méritos, sejam aumentos, sejam bônus - seja o que for - vão para os melhores.*
> *(JAIR)*

> [Porque] A percepção está nos empregados [uma vez que] não adianta nada a empresa ter uma caixa preta de processos que identificam os melhores, trata de forma secreta, eles recebem todos os louros – digamos assim – das conquistas da empresa e isso não é percebido como meritocrático pela própria organização. (JAIR)

> Através de conversas de corredor, ver se as pessoas se sentem reconhecidas de forma [...] justa é uma palavra forte, mas de uma forma clara pelo seu trabalho. (NILTON)

> Se as pessoas conseguem ver reconhecido seu esforço individual, sua dedicação à companhia, sua contribuição com competências, ferramentas e atitudes. (NILTON)

> Você consegue ver [...] pelo próprio ambiente dentro da equipe. (COUTINHO)

> Eu acho, mais do que qualquer coisa, é quando você tem um funcionário sendo defensor da sua política de meritocracia. (MAURÍCIO)

> [...] você ter um sistema [...] que seja justo; que as pessoas percebam que elas estão sendo recompensadas de maneira correta. Diferente de cada um, mas principalmente abrindo essa caixa preta. Que as pessoas entendam qual é o sistema. Por que fulano tem aumento e eu não tenho? Por que aqui a gente privilegia ter uma academia em vez de ter um sistema de mérito? (MAURÍCIO)

Um executivo acredita que o que caracterizaria esse modo de gerenciar baseado no mérito *"seria o reconhecimento institucional, de parte dos trabalhadores de que, realizando aquilo que de melhor podem trazer para a organização, ela terá o seu espaço alcançado"* (COUTINHO). Tal percepção, no contexto organizacional, pode ser capturada através de uma combinação de ferramentas, sendo a principal delas a pesquisa de clima[224].

> Pesquisas de clima capturam parcialmente isso, pesquisas de engajamento, um pouco mais. E a própria dinâmica de desenvolvimento de talentos, engajamento e o turnover talvez seja até mais contundente, em minha opinião (NILTON).

A meritocracia também é evidenciada quando determinada liderança se contrapõe à ideia de tempo de casa, em prol do merecimento individual.

> Vamos dizer que a empresa tem um estereótipo que é tempo de casa. A meritocracia não deveria seguir esse preceito, ela deveria seguir o preceito do mérito. Ponto! Então, se você percebe um líder que consegue, muitas vezes, sair do estereótipo que existe numa empresa, aquilo ali é um indício que existe a meritocracia ali dentro. (COUTINHO)

Mais do que se autodeclarar meritocrática, é indispensável medir a percepção dos empregados sobre o ambiente dentro do qual os trabalhos são desenvolvidos e resultados são alcançados, na medida em que

> o indice de satisfação dos trabalhadores com o seu local de trabalho está muito fortemente vinculado ao grau de reconhecimento que a instituição dá ao trabalho que ele entrega. (MOREIRA)

> a satisfação dos trabalhadores, hoje, sem sombra de dúvida, é um sinal importantíssimo... e que nessa ou naquela instituição é o mérito de fato [...] um critério importante de inserção das pessoas nos mais variados postos. (MOREIRA)

> o que demonstra muito a meritocracia é a opinião dos funcionários. É o quanto as pessoas gostam daquela empresa, se sentem valorizadas. (MAURÍCIO)

Além de poder ser percebida pela presença dos processos de avaliação do desempenho, de programas de recompensa e de reconhecimento, um executivo entende que a meritocracia, em determinado nível, pode estar presente pela ausência de benefícios de conforto.

> É [...] a ausência de alguma coisa que demonstra que tem meritocracia. Ausência de [...] benefícios de conforto em grau elevado. [O] dinheiro que você teria aplicado em plano de benefício [...] que gera segurança é substituído. Esse dinheiro é aplicado em incentivos e reconhecimento para quem traz resultado. Então, se você não vê algumas práticas [...] de garantir o bem-estar, qualidade de vida, mas você vê práticas

> *que estimulam a competitividade no sentido de termos [...] de querer mais, de querer ser competitivo e vencer parâmetros (LUCAS).*

Ou a ausência de pessoas que 'não entregam':

> *as pessoas que não entregam, que não performam bem... não existam, que saiam daquela companhia; saiam daquela companhia. (MARCELO)*

A meritocracia pode estar presente, em outra perspectiva, quando há investimento da empresa no desenvolvimento das competências dos empregados, na medida em que tal investimento, como consequência, leva a organização a melhores resultados, melhor desempenho. Nesse caso, a meritocracia pode ser caracterizada por

> *Práticas de RH que reforçam [...] que você adquira as competências para entregar mais resultados, práticas de RH que te desenvolvam para que você entregue mais resultados e que te estimulem a isso te dando dinheiro e ascendência. (LUCAS)*

No quotidiano é necessário explicitar comportamentos alinhados com o que a organização entende como sendo meritocracia, sendo necessário também

> *sustentar o argumento. Pra sustentar o argumento, ele [o gestor] tem que buscar características visíveis, ele tem que procurar argumentos...sustentá-los! (COUTINHO)*

A transparência necessária para a percepção da meritocracia pode, por outro lado, ser obtida a partir do anúncio da meritocracia enquanto desejo ou orientador das ações envolvendo gestão de pessoas. Tal medida auxilia no melhor entendimento do que seja meritocracia para determinada organização, quais são seus objetivos e limitações. Para um executivo entrevistado

> *ao contrário do que muita gente pensa, olhando de fora, ela não cria divergência. Ela explicita, ela traz transparência, ela oficializa algo que já está subentendido dentro da equipe. (COUTINHO)*

Um aumento de salário individual pode, por exemplo, ser ou não considerado parte de ações meritocráticas, pois se acredita que nem todo aumento salarial é resultado de uma decisão meritocrática e, nesse sentido, nem toda decisão meritocrática envolve aumento salarial. Para alguns dos entrevistados,

> as pessoas confundem [...] muito meritocracia com financeiro, pura e simplesmente. Esse é talvez outro erro... Ah! Meritocracia... mérito é aumento de salário. Você tem aumento por acordo coletivo, promoção e mérito. Acho que isso acabou ficando meio que como uma bandeira de que mérito necessariamente implica aumento de salário e vice-versa. (NILTON)

> E mérito, quando eu digo, não é receber um aumento salarial, não é isso! Mérito no sentido mais amplo da palavra.
> (MARCELO)

A tentativa de um conceito amplo – ou o entendimento da meritocracia enquanto uma ação – não exclui diferentes visões ou interpretações do tema, dúvidas, contradições, estereótipos ou até mesmo o reconhecimento de preferências ou do preconceito, real ou imaginário, tal como pode ser observado em relação a determinados atributos físicos:

> Ele [o gestor] não pode simplesmente falar: olha, eu considero fulano o 'top perfomer' da equipe porque ele tem olho azul. Não pode falar isso! Porque aí ele cai em exterioridade e diminui a sua capacidade de gerir aquela equipe [...]
> (COUTINHO).

> Não é se a pessoa é mulher ou homem, se é branco ou se é preto,; se é gordo ou se é magro, se é brasileiro ou se é argentino. No fundo não interessa; interessa é o mérito.
> (COUTINHO)

O mesmo se aplica a outros aspectos, como ocorre com a idade ou com o tempo de empresa, positiva ou negativamente. Para esse mesmo executivo entrevistado

> Normalmente é mais fácil promover o cara que tem 10 anos. É um cara querido, todo mundo vai gostar, vai dizer que ele merece... Mas para a meritocracia em si [...] aquilo é

> *devastador porque aquele jovem ali sabe que ele mereceria mais [...] (COUTINHO)*

O valor do relacionamento interno ou externo também foi destacado como algo que pode estar misturado com merecimento ou comprometer ações meritocráticas. Entrevistados destacaram que há situações em que

> *elas [as funcionárias] são reconhecidas porque são amigas do chefe ou que fizeram um bom trabalhinho em algum momento. [...] acho que você é bonzinho, eu vou te dar um aumento. (JEFFERSON)*

> *Vou te dar um aumento porque você tem um bom relacionamento com o cliente. (MAURÍCIO)*

> *você estar sempre dando aumento para aquelas pessoas de quem você gosta mais, que estão do seu lado. (MAURÍCIO)*

> *[há] favorecimento de pessoas que tenham maior afinidade ou que ajudaram em algum momento no passado e continua reverberando isso na carreira daquele indivíduo. (NILTON)*

A tentativa de englobar meritocracia, enquanto diretriz ou ações, não elimina diferenças de entendimento sobre a abrangência da diretriz ou a caracterização de ações, particularmente em função da importância da percepção das lideranças no julgamento daquilo que é ou não meritocrático. Um aumento salarial não é percebido como ação meritocrática ou, por outro lado, pode ser apenas uma forma de meritocracia.

> *Se o cara tem aumentos individuais, ele tem méritos... e não necessariamente. Acho que essa é apenas uma pequena consequência do processo meritocrático: você ter também um reconhecimento financeiro. (NILTON)*

A organização tem relativo controle sobre a explicitação da diretriz envolvendo meritocracia, algum controle sobre as ações que serão tomadas pelas lideranças ou muito controle pelas ações da área de Recursos Humanos. Mas pouco (ou nenhum) controle sobre a percepção das pessoas, uma vez que percepções se formam com o dia a dia efetivo, mais com ações do que com discursos, mais com exemplos do que com o que por vezes é chamado de *endomarketing*. Essa percepção, para alguns entrevistados, é o termômetro da existência – ou não – da meritocracia ou de práticas meritocráticas em determinado contexto.

Embora nem sempre clara no discurso dos executivos, o quadro 4 tenta consolidar programas ou ações associados à meritocracia ou ao ambiente meritocrático, segundo explicitação ou alusão feita espontaneamente pelos entrevistados. De uma maneira geral, diferenças nas indicações de programas e ações podem estar relacionadas ao esquecimento, por parte do entrevistado, ou à não compreensão do pesquisador sobre a intenção do entrevistado em seu discurso. Os diferentes programas de remuneração (fixa e variável) e de benefícios, vantagens e facilidades, bem como as demais formas de recompensa e reconhecimento, financeiros e não financeiros, estão detalhados no livro que lançamos recentemente[225].

Quadro 4 – Programas ou ações associados à meritocracia

Componentes	Executivos entrevistados (citação espontânea)										
	1	2	3	4	5	6	7	8	9	10	11
Parte Fixa											
Aumento salarial por desempenho	■		■			■		■			
Aumento salarial por promoção	■		■								
Reajuste salarial (diversos)											
Benefícios					■						
Parte Variável											
Curto prazo											
Gratificação por desempenho	■		■			■		■			
Bonificação (bônus)			■			■		■			
Participação nos Lucros				■			■				
Participação nos Resultados				■			■				
Premiação (individual ou equipes)			■							■	
Incentivos em geral											
Recompensas em geral	■										
Reconhecimento financeiro	■										
Curto prazo											
Opções de ações (Stock options)			■			■					
Ações restritas (Restricted Stock Unit)			■								
Ações por desempenho (Performance Share Unit)											
Ações fantasmas (phanton stock)											
Bônus diferido	■										
Reconhecimento não financeiro											
Troféus e medalhas	■		■							■	
Símbolos de conquistas			■								
Prêmio destaque e diplomas			■								
Agradecimento e homenagens	■		■								
Jantar ou participação em eventos			■								
Viagem ou passeio											
Elogio					■						
Aprendizado e desenvolvimento											
Treinamento técnico	■		■								
Ações de desenvolvimento	■		■								
Promoções / ascensão						■					
Cargos de liderança / gestão	■		■								
Participar de decisões	■										
Desafios	■		■								
Projetos especiais	■										
Carreira / mobilidade	■		■								
Ambiente de trabalho											
Confiança	■		■								
Justiça interna nas decisões	■		■								

Fonte: Interpretação das entrevistas e registro dos comentários realizados pelos entrevistados.

À exceção de um executivo entrevistado – que delimitou a meritocracia a uma troca de curto prazo – todos os demais associaram a palavra a um amplo leque de possibilidades. São formas de recompensa, com relação direta de troca, critérios objetivos, indicadores, metas, critérios formais de aferição e concessões predominantemente em dinheiro ou bens, ou de reconhecimento, como forma de homenagem, com critérios subjetivos e discricionários, sem relação direta de troca, como forma de reforço aos valores da organização. Esse conjunto amplo de possibilidades também considera a oferta de desafios profissionais, oportunidades diversas de mobilidade e deslocamento, benefícios, vantagens ou facilidades e de condições prevalentes no ambiente de trabalho[226].

A Importância da Meritocracia para a Gestão de RH

> *"Uma nação permanece sadia enquanto trata de seus reais problemas; entra em declínio quando se envolve em questões periféricas."*
>
> ARNOLD TOYNBEE

Qual o impacto da meritocracia para a gestão de pessoas? Que tipo de contribuição essa discussão traz? Os entrevistados foram unânimes em confirmar a importância da meritocracia no contexto da gestão de pessoas, na medida em que o termo comunica, explicita, canaliza um conjunto de comportamentos, de compromissos de resultados ou de atributos que, na visão da organização, tornam a ação humana mais agregadora de valor para os negócios e para o próprio indivíduo. De uma forma geral, a meritocracia foi percebida como extremamente relevante, na medida em que *"ajuda a enfrentar"* situações de inércia ou de uso de critérios não meritocráticos (MOREIRA) no dia a dia, provocando atitudes empreendedoras por parte das lideranças. Assim, o discurso da meritocracia

> *[pode] ser um alavancador de resultados, motivando e engajando as pessoas, se estas se sentirem justamente reconhecidas.* (NILTON)
>
> *[é essencial] Quando você não tem uma prática formal de meritocracia, você acaba tendo conceitos muito subjetivos para poder reconhecer pessoas que, às vezes, nem sempre são as melhores pessoas.* (JERFFERSON)
>
> *[pode] canalizar de forma mais direta as ferramentas de reconhecimento de uma empresa, tais como remuneração, promoções, oportunidades de desenvolvimento e afins aos profissionais que mais trazem retorno à organização.* (JAIR)
>
> *[serve para] desenvolver as pessoas [...] Toda vez que eu dava um aumento para alguém, eu anunciava na nossa reunião e*

> a gente saía para comemorar. E é claro que eu deixava muito explícito porque fulano estava tendo aumento [e] qual foi o meu critério. (MAURÍCIO)

> [conecta a todos, pois] Em um mundo corporativo, onde cada vez mais temos recursos escassos, é primordial diferenciar quais os profissionais merecem uma parte maior do bolo. (JAIR)

> impacta positivamente; impacta no sentido de engajar, comprometer as pessoas. (AUGUSTO)

Em relação à importância da meritocracia para a gestão de pessoas, um executivo foi taxativo ao comparar – metaforicamente - pessoas a peças de uma engrenagem. Para ele

> a gente tem que olhar a empresa de uma maneira muito pragmática. A empresa como uma entidade...onde as peças têm que performar. Se todas elas performarem, a empresa vai performar como um todo e, consequentemente, isto gera algum tipo de riqueza que depois é distribuída proporcionalmente com o que cada um contribuiu dentro daquela performance. (COUTINHO)

Outro executivo destacou que *"a gestão de pessoas [...] precisa que as pessoas cada vez mais deem contribuições cada vez maiores para a organização"* (ROCHA), cabendo à meritocracia proporcionar ou estimular o reconhecimento dessas pessoas que oferecem contribuições mais expressivas às organizações em que atuam. Nesse ângulo, a meritocracia estaria presente para ser um contraponto às contribuições individuais. Para ele

> a meritocracia [...] vem para reconhecer [...] essas pessoas que estão alinhadas com [...] esse processo, estão entregando esses resultados para a organização. [...] Então, vai muito [...] por essa linha do [...] quanto mais resultado você me dá [...] mais contrapartida ela devolve a essa pessoa, e aí acaba num processo de estímulo para que mais pessoas procurem agir dessa forma; procurem gerar mais resultados para a organização. (ROCHA)

Alguns executivos acreditam que a introdução da meritocracia possui também a virtude de criar um estímulo à contínua discussão do desempenho e do merecimento individuais, tanto para 'enviar' mensagens aos empregados em geral, quanto – e principalmente – para destacar o papel das lideranças nesse contexto, fazendo todos *"entenderem que isso existe"* (JEFFERSON). Para alguns, a meritocracia

> *tem essa importância de que, se você não mostrar para as pessoas e não tiver uma possibilidade de discussão sobre isso o tempo todo, você vai ter agendas ocultas nas discussões de liderança, nas discussões de projetos... Então, o líder precisa ser mais corajoso. E eu acho que os nossos líderes [...] são um pouco covardes. (MAURÍCIO)*

> *[permite] ter uma ferramenta que você possa utilizar através de práticas que estejam definidas, escritas, com guias, não importa o programa que seja, seja de salário variável ou [...] longo prazo, mas uma forma de dizer que quem estiver aqui comigo, remando no mesmo barco, e se desempenhar bem eu vou reconhecer, daí está implícito que aqueles que não estiverem, não serão tão reconhecidos. (JEFFERSON)*

O grande objetivo da meritocracia, em certo sentido, é o de se tornar desnecessária em determinados ambientes, a partir da formação de um conjunto de crenças, costumes e valores, a partir da consolidação de um ambiente sem vieses preconceituosos ou de relações que se sobrepoem às questões de interesse da organização e das pessoas que nela trabalham. Para esse executivo entrevistado, a meritocracia *"tem que ser justa até o ponto que ela não seja o ponto principal"* (MAURÍCIO), até o momento em que privilegiar o merecimento – em detrimento do que não é meritório – faça parte do quotidiano natural da organização.

A Distinção entre Recompensar e Reconhecer na Meritocracia

> *"Minha mãe constumava dizer que, se você é capaz de executar seu trabalho sempre bem, então ele está aquém de suas possibilidades."*
>
> LINDA TSAO YANG

As palavras 'recompensa' e 'reconhecimento' são normalmente citadas quando o tema é meritocracia, pois *"você não pode tratar só um na meritocracia"*, pois *"os dois são importantes"* (AUGUSTO). De uma forma geral, observam-se sentidos distintos, mas convergentes e conectados à ideia de meritocracia. Segundo a visão de alguns entrevistados:

> *Eu creio que são duas palavras que têm sentido diferente. (MOREIRA) existe uma diferença, sim [...] (JEFFERSON)*

> *São duas faces distintas de devolução para o colaborador, que deveriam ser frutos de um processo organizado e justo de meritocracia. (NILTON)*

> *têm sentidos muito parecidos e convergentes quando o tema é meritocracia. (JAIR)*

> *eu acho que elas se distinguem. (AUGUSTO)*

> *eu vejo muito próximas. (ZAGALO)*

> *são significados diferentes; são correlatos, em estágio.... são estágios diferentes. (LUCAS)*

> *não vejo uma diferença, apesar da gente usar na língua corporativa como coisas diferentes. (MAURÍCIO)*

Mas o que distingue, então, recompensar e reconhecer, considerando-se que os termos recompensa e reconhecimento estão presentes no discurso de todos os entrevistados e intimamente conectados à ideia de meritocracia? De forma geral – e conforme observado no trabalho de pesquisa aos artigos e estudos sobre o tema – o termo 'recompensar' foi preferido para designar uma relação de troca entre resultados e premiações, entre causa (metas, alcance ou superação) e efeito (pagamentos, premiações, concessões), baseado em critérios predominantemente objetivos, racionais, pragmáticos; mais instrumentalizado, mais dependente de dinheiro e menos pessoal ou individual. O termo 'reconhecimento', por outro lado, foi preferido para comunicar uma forma de agradecimento ao empregado, uma forma de homenagem por determinados comportamentos, competências, atitudes ou resultados de uma forma mais ampla, avaliados predominantemente de forma subjetiva e com um viés mais emocional.

O reconhecimento [...] é algo que me parece mais vivo e sentido pelo indivíduo, enquanto que a recompensa me traduz [...] uma relação de troca. [O reconhecimento] tem um envolvimento, inclusive do próprio indivíduo, dele se conhecer como importante e perceber que a organização o vê como tal. (MOREIRA)

O reconhecimento [...] traz para o profissional [...] uma motivação tão grande ou eventualmente maior do que a recompensa. Então, dentro do contexto organizacional, você tem que avaliar é o que traria maior motivação para suas equipes e dentro de determinados objetivos. (ZAGALO)

Recompensar é retribuir a contribuição individual e reconhecer é tornar publico e evidente as competências e contribuição do individuo para a organização. São duas faces distintas de devolução para o colaborador, que deveriam ser frutos de um processo organizado e justo de meritocracia. (NILTON.

O reconhecimento... ele é mais barato de se fazer porque [...] não necessariamente [...] envolve dinheiro. (ROCHA)

O outro [a recompensa] a gente... troca. Correu cem metros, ganhou uma cenoura! Aí [...] todo mundo quer ganhar uma cenoura, aí começa aquela competição, mas o reconhecer vem de dentro. Então você tem que se conhecer para poder reconhecer o outro. (AUGUSTO)

A recompensa é mais instrumental mesmo [...] e o reconhecimento, ele vem com uma carga mais afetiva, emocional, de valores, associada a imagens públicas, por exemplo, às pessoas... (AUGUSTO)

[o] reconhecimento talvez seja mais valioso do que as recompensas, as mais variadas que possam ser instituídas. É a sensação que a organização, por meio dos seus pares, dos seus trabalhadores, dos seus chefes, reconhece o seu trabalho, valoriza ele; algo mais motivador do que os mais variados tipos de recompensas que ele possa entregar ao funcionário. (MOREIRA).

Recompensa é tudo aquilo que é muito voltado para a meritocracia em si, referente a salário, referente à participação

> nos resultados, bônus, referente a tudo que você consegue medir de uma forma melhor. E reconhecimento é quando você tem algum programa em que você está reconhecendo pessoas através de um [...] prêmio, prêmio por equipe ou um prêmio individual ou de jantar. (JEFFERSON).

> Eu acho que elas [as palavras recompensar e reconhecer] se distinguem... Eu vejo recompensa muito mais instrumental e o reconhecimento, muito mais emocional, mais afetivo. (AUGUSTO)

> Recompensar tem mais a ver com grana [...] e reconhecer vai muito mais além do que o financeiro. (COUTINHO)

> O reconhecimento pode ir um pouco além [das recompensas]. É perceber a importância do profissional para o negócio. (JAIR)

Enquanto a recompensa e o reconhecimento são apresentados, frequentemente, com características distintas, mas aplicáveis em qualquer contexto, observou-se também o entendimento de que existe uma hierarquia de importância em função do momento de carreira do indivíduo, seu grau de maturidade ou perfil de interesse. Alguns executivos salientaram que é necessária uma compreensão mais ampla, de que

> a recompensa [...] está mais perto e é mais significativa para quem está mais em início de carreira, e se a gente for colocar numa hierarquia eu poria recompensa... [no] primeiro degrau e, reconhecimento, em segundo lugar. Uma espécie de escala de Maslow. (LUCAS)

> tem gente que é focada na parte financeira [...] Tem outras pessoas que [...] já se sentem reconhecidas e recompensadas quando elas participam das decisões. Então, quanto mais elas são chamadas para decidir, para participar de grandes estratégias, de grandes projetos, isso vale mais do que qualquer dinheiro para essas pessoas. (ROCHA)

Onde a Meritocracia Encontra mais Dificuldade

> "Os problemas nunca podem ser resolvidos no mesmo nível de pensamento que os criou."
>
> ALBERT EINSTEIN

Onde a meritocracia encontra maior dificuldade: nas recompensas ou nas ações de reconhecimento? A partir das características predominantes das recompensas e do reconhecimento, particularmente em função dos critérios que normalmente balizam as ações delas derivadas, o reconhecimento foi observado como o mais complexo no ambiente que cultua a meritocracia. Enquanto a recompensa depende, em grande medida, do próprio indivíduo e de sua relação com as metas e objetivos definidos, o reconhecimento depende do outro, da percepção do outro, raramente apoiada em elementos objetivos. Assim, para os executivos

> O reconhecer... [é] mais complexo, é mais subjetivo, ele exige mais de quem está avaliando e premiando, exige mais um autoconhecimento, mais conhecimento das questões informais e pessoais da organização. (AUGUSTO)

> Recompensar é mais fácil, em qualquer sistema, mesmo inteligente, de recompensa [...]. Reconhecimento é mais difícil; tem que ir mais ao âmago da pessoa, tem que conhecer melhor a pessoa. A pessoa tem que se conhecer melhor, a pessoa tem que saber se gerenciar melhor. (LUCAS)

> O lado do reconhecimento, do mérito mesmo, público, reconhecimento de investimento em informação, reconhecimento em elogio, esse lado mais comportamental [...]. Então, por isso, ele é mais difícil porque você tem que explicar, você tem que criar a lógica e muitas vezes também ele esbarra um pouco [...] em um sentimento de que você tem que ser igualitário [...] (COUTINHO)

> O reconhecimento, a valorização, a atribuição de um valor a um trabalho, eu creio que é um processo mais complexo e que transcende - e muito - o que seria a recompensa porque você pode introduzir dispositivos de recompensa bastante

> *objetivos e concretos. Então, eu creio que você reconhecer o mérito é mais complexo do que recompensar [resultados].*
> (MOREIRA)

> *Eu acho que o que é mais difícil de se ver, não de se implementar, mas de se ver. É o reconhecimento, porque muitas empresas não têm esses programas de reconhecimento.* (JEFFERSON)

> *Ambos fazem parte da equação. A gente não pode tirar nenhum dos dois do mérito. Agora, com certeza, o reconhecimento não necessariamente financeiro...ele é muito mais amplo e ele, no meu entendimento, é muito mais esquecido pelos líderes do que o reconhecimento financeiro.*
> (COUTINHO)

Também foram apontadas dificuldades em relação às diferentes formas de recompensa no contexto da meritocracia, tendo em vista a necessidade de se estabelecerem relações diretas de troca que nem sempre se apoiam em métricas que contemplem uma visão mais ampla dos negócios da empresa. Um dos entrevistados destacou que

> *sem dúvida, o mais polêmico é o recompensar, pois tendemos a buscar quantificações para medir a contribuição, mas sempre embute uma certa subjetividade. O reconhecimento já tem um quê natural de subjetivismo.* (NILTON)

A transparência, necessária especialmente em organizações com ações na bolsa de valores, foi destacada por um dos executivos, que registrou que

> *A recompensa, hoje, é de mais difícil diferenciação por parte das empresas entre os profissionais, por ser mais visível e sujeita à crítica de pares, dos colegas de trabalho e até mesmo de sindicatos, em alguns casos e níveis.* (JAIR)

Por não serem autofinanciadas[227], em organizações vinculadas ao governo, as recompensas, vistas mais frequentemente como mecanismos de remuneração que englobam o conjunto de empregados ou um grupo determinado de empregados, são apresentadas como mais complexas por uma razão orçamentária. Para um dos entrevistados

> *A dificuldade do recompensar...geralmente é a limitação orçamentária; o bolo que você tem é pequeno para dividir para quem você gostaria de dividir. Então, essa é a dificuldade. E do reconhecimento, acho que tem uma dificuldade também, que é mais comportamental. (ROCHA)*

O uso de réguas, escalas, critérios ou procedimentos de medição diferenciados pelas lideranças, pode tornar as ações meritocráticas questionáveis, na medida em que estará evidenciada a falta de alinhamento sobre o que seja merecimento naquela organização. Uma das dificuldades, então, no uso dos incentivos financeiros é

> *você usar réguas próprias, subterfúgios próprios para mensurar e tentar recompensar, tentar reconhecer pessoas de uma forma que não é a proposta do grupo, que não é a proposta da organização. (NILTON)*

> *[que] as lideranças não têm esse hábito de reconhecer. (ROCHA)*

Outra dificuldade está associada ao perfil das pessoas, seus interesses, inclinações, estágios de vida e/ou valores, nem sempre adequados à dinâmica, eventualmente estereotipada, da meritocracia. Para um executivo, *"pessoas que têm a meritocracia como um estilo, um valor [...] não vivem"* em ambiente onde *"ninguém cobra ninguém"*, *"onde não se coloca meta alta"*, pois seria considerado um *"autoflagelo"* (MARCELO). Por outro lado, a lógica da "grana" pode não encontrar eco em uma pessoa que busca causas, porque uma causa *vai fazer ela ser muita mais produtiva, muito mais engajada e a meritocracia não cobre essa parte porque não é grana [...] chamar de meritocracia o resultado, você está pensando no acionista e [...] o próprio indivíduo conforme evolui, espera, entende isso como evolução humana, que ele vai querer fazer diferença na vida para construir um mundo melhor para ele, para os filhos, para quem quer que seja... para todos os stakeholders. (LUCAS)*

O Papel da Avaliação de Desempenho na Meritocracia

> *"Líder é uma pessoa comum que tem um compromisso extraordinário com alguma coisa."*
>
> OSWALDO DE MUNNO JR

Que ações podem ou devem ser tomadas a partir da avaliação do desempenho individual? Em outras palavras, qual a relação entre avaliação de desempenho, promoções, aumentos, gratificações e afins? O processo de gestão do desempenho, em geral, e a avaliação do desempenho, em particular, foram considerados essenciais em uma organização que pretende se caracterizar por ações meritocráticas no campo da gestão de pessoas, em que pese o entendimento diferenciado em relação ao referido processo e às características ou atributos da avaliação. Para os executivos entrevistados, de uma forma geral

> *deveria ser o instrumento pelo qual medimos e avaliamos o desempenho e a contribuição individual que irá gerar a meritocracia. (NILTON)*

> *Acho que a avaliação de desempenho é uma ferramenta para você praticar a meritocracia. É como eu falei: meritocracia se baseia no mérito. Ponto! Mais nada! (COUTINHO)*

> *A avaliação de desempenho é uma das maneiras de você medir esse mérito. Talvez a maneira mais objetiva de você medir o mérito através de um processo de desdobramento de metas, em um sistema sólido, onde você consiga, realmente, garantir os desafios das pessoas que são iguais. (COUTINHO)*

> *A avaliação de desempenho é peça fundamental na meritocracia, pois ela tem o papel de ser a ferramenta neutra, única, de mensuração e comparação de profissionais, [...] de diminuir a subjetividade do processo e a percepção de meritocracia. (JAIR)*

> *A avaliação de desempenho pode existir em qualquer ambiente, mas ela é um instrumento onde você manda um sinal forte daquilo que você está valorizando. Se você está valorizando um ambiente meritocrático, a avaliação de desempenho tem que se balizar em comportamentos de que é buscar mais resultado e por isso ser reconhecido ou recompensado. (LUCAS)*

> *Ela é fundamental. Sem ela, fica muito difícil você praticar uma meritocracia porque você não consegue visualizar, formalmente, quem é bom, quem não é. Você acha algo como um bom trabalho como meritocracia, mas se você*

> *não tiver um modelo de gestão de desempenho estruturado, eu acho que o resultado para praticar a meritocracia não é bom. (JEFFERSON)*

> *[Não havendo avaliação de desempenho, o mérito] De uma certa maneira, vai ficar escondido no meio dos resultados, tipo [...] as preferências pessoais [...] você não tem grau, não tem nota, não tem comportamentos sendo medido,; você não consegue aplicar isso de uma forma mais justa em um programa de meritocracia. (JEFFERSON)*

> *Dentro da liderança, você tem que usar os critérios, qual o seu critério enquanto gestor de premiar e de dar aumento para as pessoas. (MAURÍCIO)*

Pelo fato de a avaliação de desempenho, enquanto instrumento de gestão de pessoas, admitir diferentes modelos, com diferentes processos associados, alguns executivos fazem ressalva ao uso do referido instrumento nas questões envolvendo meritocracia. Para alguns desses executivos entrevistados, os processos clássicos de avaliação de desempenho são importantes, mas não são suficientes para respaldar todas as decisões meritocráticas.

> *No caso da meritocracia, eu acho que o desempenho é importante; ele tem que estar no contexto, mas para a meritocracia é o desempenho e mais alguma coisa, porque geralmente as avaliações de desempenho têm um determinado padrão. E a tendência é que o empregado atenda aqueles requisitos do cargo que ele está atuando. Então, o padrão é mais ou menos que ele atenda aquilo. E para fazer o processo meritocrático, se você olhar só aquilo, tem a tendência de você forçar a avaliação, tender tudo para o positivo. (ROCHA)*

> *Pode estar integrada com políticas, com outras políticas de valorização das pessoas, em função das competências. (AUGUSTO)*

> *Numa meritocracia, dar aumento às pessoas e promover alguém ela vai ser avaliada, vai ser vista, vai ser olhada e aí é incoerente você promover alguém que foi super mal avaliada... Mas eu acho que [a avaliação de desempenho]*

> é mais um critério para você olhar, mas ela [a meritocracia] não pode estar vinculada a você fazer uma boa avaliação de desempenho para ter um aumento. (MAURÍCIO)

> A avaliação de desempenho é um componente necessário e importante para a meritocracia, embora não seja o único. (MOREIRA)

> A avaliação de desempenho cumpre um papel muito importante para qualquer sistema de gestão que se proponha meritocrático. Então, apenas não creio que ela sozinha seja a responsável por esse modo de gerenciamento. (MOREIRA)

> O sistema, os requisitos formais de avaliação de desempenho, por si sós, não dão conta de reconhecer o mérito nas ações mais cotidianas possíveis com a equipe e que não fazem necessariamente parte do processo formal de avaliação de desempenho. (MOREIRA)

Nesse caso é necessária uma melhor compreensão da

> atuação, [d]o potencial do empregado em fazer mais no futuro...O próprio posicionamento salarial desse empregado, você também precisa olhar para saber como que você consegue calibrar isso. Então, é a experiência que o empregado tem, toda bagagem que ele já trouxe, tudo aquilo que ele já agregou para a empresa...Então, você tem que ampliar um pouco mais esse escopo na hora da meritocracia do que focar só na avaliação de desempenho. (ROCHA)

Uma vez que

> na hora da meritocracia, você já parte para outro processo, você tem que agregar outros elementos além do desempenho. (ROCHA)

> Você avalia em função do contexto. (AUGUSTO)

Em que pesem os diferentes modelos ou conceitos associados à avaliação do desempenho, há os que entendem que esta avaliação é um instrumento de desenvolvimento e não ferramenta para julgar o desempenho e atribuir uma concessão financeira, seja ela fixa ou variável. Para alguns deles, de maneira bem clara:

> Eu sempre uso uma coisa desvinculada da outra. Todas as empresas que eu fui... e algumas tinham um sistema de avaliação de desempenho linkado à meritocracia e, outras, não. Então eu sempre vinculo a avaliação de desempenho ao desenvolvimento de pessoas, que pode acontecer de você ter algum tipo de aumento salarial, mas eu não vinculo avaliação de desempenho a aumento porque eu acho que mascara a avaliação [...]. E o gestor acaba sendo bonzinho para não prejudicar aquela pessoa financeiramente. Quanto você precisa para ter um aumento? Então, eu desvinculo isso. (MAURÍCIO)

> Uma avaliação das competências, eu acho que não deveria ser ligada à meritocracia. É... deve ser ligada à carreira, à evolução profissional dentro da empresa. (ZAGALO)

O QUE NÃO É MERITOCRACIA

> *"A lógica é a arte de andar errado com convicção."*
>
> JOSEPH WOOD KRUTCH

Muitos termos ou expressões comuns foram usados pelos entrevistados. É possível, nesse sentido, que diferenças tenham sido apresentadas como igualdades, e vice-versa. Avaliação de desempenho, avaliação por competências, programa de mérito, critérios para aumento salarial, progressão funcional e afins podem ter sido apresentados nas entrevistas com diferentes significados para os entrevistados. Diferente disso, por outro lado, estão os comentários sobre o que não seria meritocracia. Por usarem palavras fora do contexto da gestão de pessoas, é possível que exista maior relação teórica entre os comentários apresentados pelos entrevistados, não isentando contradições ou mesmo paradoxos.

De uma forma geral, não se enquadra ou não se ajusta a ambientes que inserem a meritocracia como uma diretriz de gestão de pessoas:

promover o crescimento de uma pessoa que não entrega resultado e que não performa dentro do esperado para aquela organização. (MARCELO)

politicagem, favoritismo, feudo...essa questão de você usar a meritocracia para ter as pessoas a seu favor. (MAURÍCIO)

nepotismo, favorecimento, 'aos amigos tudo; aos inimigos a lei'. (LUCAS)

as pessoas crescem ou por antiguidade ou as pessoas por relacionamento – o que para mim é pior ainda - ou as pessoas crescem porque são 'gente fina'...São 'gente fina' e, aí, por isso, a gente deve fazê-las crescer. (MARCELO)

qualquer modelo de gestão que se paute por algo distinto do que seja o reconhecimento do que as pessoas se dedicam à instituição e se dedicam a levá-la adiante. Não é meritocracia qualquer sistema de gestão em que predomina o clientelismo, o fisiologismo, o apadrinhamento...e isso tudo que, infelizmente, a gente ainda observa bastante nas organizações. (MOREIRA)

favoritismo, ou seja, você tem uma afinidade maior ou um relacionamento melhor com algumas pessoas; você direcionar recursos da empresa, reconhecimento da empresa para essas pessoas e não pelo mérito. (JAIR)

começar a olhar as pessoas, não pelo que elas fazem, entregam em termos de resultados, mas pelo que elas são. Fulano é bonzinho, fulano é meu amigo, a moça é bonitinha e aí você vai lá e dá um aumento, um reajuste, paga uma PLR maior ou dá um desempenho maior. Isso para mim não é meritocracia. (JEFFERSON)

olhar por tempo de casa [...] para mim não é tratar a meritocracia, por mais que o tempo de casa tenha aí um reconhecimento, uma certa honra ao tempo que a pessoa dedicou a sua empresa, mas isso não é meritocracia. (JAIR)

é você fazer tudo igual para todo mundo, independente do que aquela pessoa está agregando ou não; se você vê um cara que está se dedicando, está dando o sangue, fazendo

> até além do que precisa ser feito e um outro lá, que não está fazendo nada, está enrolando, fica ali só administrando o trabalhinho, que em um dia ele poderia fazer aquilo ele leva uma semana para fazer...o outro lá ralando... [...] Aquelas pessoas em que a gente confia a gente tende a sobrecarregar por conta desse outro que a gente diz 'esse cara não vai me entregar mesmo, então não vou nem pedir para ele'! Então, isso para mim não é meritocracia. (ROCHA)

> Aqueles ajustes de curva que todo sindicato gosta de pedir [...] baseado no tempo, qualificação profissional, titulação – o cara é pós-doutorado – enfim, tudo isso aí não é meritocracia porque eu não vejo isso aí contribuindo para nada para a empresa. (ROCHA)

> [...] tempo de casa. (COUTINHO)

> qualquer coisa baseada em tempo ou simplesmente em títulos, isso aí não é meritocracia! Só serve para distorcer ou igualar os diferentes. (ROCHA)

> os cargos de livre provimento para direção e assessoramento [...] Você, ao permitir que qualquer um ocupe aquela posição, você está tirando todo o viés técnico e de capacidade [...] Então isso é uma coisa muito... Isso não é meritocracia ou não assegura ou induz a não meritocracia. (AUGUSTO)

> ter uma pessoa com baixo grau de competência ascendendo na carreira o tempo todo, igual a um outro que tem extrema, elevada competência. (AUGUSTO)

> alocar em um projeto de maior complexidade aquele que é seu amigo do que o outro. Então... [...] tem várias situações de não meritocracia. (AUGUSTO)

> ajudar pessoas que estão do seu lado a crescerem numa organização, sem ter uma base; sem ter, realmente, um bom desempenho. (JEFFERSON)

> decisões relacionadas a sua força de trabalho, baseadas em raça, em idade, qualquer outro fator que não seja o desempenho, para mim...isso não é meritocracia. (COUTINHO)

> *reconhecer aquelas [pessoas] que não têm desempenho tão bom. (JERFFERSON)*

> *você estar sempre dando aumento [salarial] para aquelas pessoas que você gosta mais; que estão do seu lado. E a gente vê muitas empresas que ainda têm isso por essa questão política, política e emocional; pelas inseguranças das pessoas de quererem certos seguidores. Então, eles usam o dinheiro como moeda de troca para as pessoas serem fiéis a eles. (MAURÍCIO)*

Também não é meritocracia quando a empresa define sistemáticas de recompensa ou de reconhecimento únicas para todas as pessoas, pressupondo que pessoas diferentes irão agregar, de alguma forma, valor também diferente.

> *A empresa trataria todos da mesma maneira, uma remuneração semelhante. Então essa [abordagem] está implícita que não há meritocracia. (ZAGALO)*

Também não é meritocracia deixar de tomar ações mais contundentes em relação aos empregados que não 'entregam' resultados combinados, pois a inércia gerencial será interpretada como ausência de viés meritocrático naquela organização. Para um dos executivos entrevistados, é necessário refletir:

> *o que você faz com as pessoas que não entregam resultados? Ou seja, qual o seu comportamento...do tipo: você faz uma avaliação de desempenho, identifica que a pessoa não tem entrega [...] Você vai conviver com isso no próximo ano? Você vai reavaliar num período menor ou você vai conviver com isso eternamente? (MARCELO)*

A discussão sobre meritocracia deve distinguir trocas de curto prazo (resultados *versus* premiações) com ações que avaliam o indivíduo de uma forma mais ampla. Deste modo não seria meritocracia

> *[...] a visão de longo prazo, o potencial do profissional. (ZAGALO)*

> *[...] decisões relacionadas à carreira. (ZAGALO)*

> [porque] *Você pode ter um profissional que tenha um desempenho espetacular em um ano, fez um supernegócio, mas é um cara que tem algumas limitações, que você precisa desenvolver algumas competências dele, questões diversas [...] Você pode ter um profissional que não tenha tido um desempenho bom naquele ano, mas que tenha um potencial enorme, seja novo na posição e não conseguiu ainda trazer o resultado esperado, mas é bom. Você precisa ajustar alguns gaps das suas competências e ele venha a entregar os resultados esperados. (ZAGALO)*

Decisões envolvendo carreira, mobilidade, progressão e promoções, são decisões baseadas no mérito, mas que não podem tomar por base avaliações, resultados ou comportamentos de curto prazo. Para alguns executivos, decisões envolvendo carreiras

> *São tomadas taticamente ao longo do tempo. (COUTINHO)*

> *não deveria ser ligada à meritocracia. É...deve ser ligada à carreira, à evolução profissional dentro da empresa. Ele vai ser recompensado com promoção, com um cargo mais desafiador. Então, não chamaria isso de meritocracia. Acho que não está associado a isso. Meritocracia, para mim, está associada a uma coisa mais imediata, mais de causa e efeito. (ZAGALO)*

Fatores que avaliam o mérito não podem – no contexto da meritocracia – tomar como base aspectos que não agreguem valor aos clientes ou aos acionistas, de forma bem pragmática, pois meritocracia não deve combinar com ações que não busquem a eficiência, a eficácia ou a efetividade.

> *Se eu avalio que você seja pontual, estou exigindo certo compromisso não meritocrático, um compromisso de lealdade, pontualidade; cumpre burramente seus compromissos versus um outro que eu estou avaliando realmente se a pessoa está focada no cliente, se está querendo entender o cliente, se está refletindo, querendo inovar. (LUCAS)*

Dificuldades da Meritocracia

> *"Em dia de vitória ninguém fica cansado."*
>
> PROVÉRBIO ÁRABE

Todos os entrevistados reconheceram a necessidade de ações que possam estabelecer distinções nas formas de recompensar e de reconhecer pessoas em função da 'entrega' de cada um. De certo modo, todos consideram a meritocracia como algo permanentemente inacabado e que precisa de atenção e reforço constantes, tendo em vista as dificuldades naturais em se estabelecer diferenciações que sejam e que pareçam ser justas e equitativas, tanto para os empregados, quanto para os demais *stakeholders*. Embora todos tenham destacado, em algum momento, tais dificuldades, em alguns casos elas apareceram na introdução da entrevista, sem que tal questão integrasse qualquer uma das questões formuladas.

> *Acho que o conceito de meritocracia povoa a mente dos executivos. É uma coisa que já se discute há muito tempo... Agora, trazer isso pra prática, para o dia a dia, trazer isso como um ferramental, como uma forma de recompensar, que no final das contas, recompensar, desenvolver, enfim, os talentos, vai uma distância grande. (NILTON)*

> *Eu acho mais difícil na forma de construir a meritocracia, na verdade, é assim: cada indivíduo acaba tendo uma régua particular, cada indivíduo acaba tendo uma forma particular de mensurar o que é o seu próprio esforço, o que é o seu próprio sucesso; cada companhia tem a sua própria cultura de mensuração. (NILTON)*

> *Bom, é difícil a gente sair da ideologia, porque [a meritocracia] é um aspecto não tão difundido, especialmente empresas brasileiras...Nós, latinos, ainda não temos essa cultura como as empresas americanas. Muita gente fala meritocracia da boca pra fora, mas você tem que sustentar; tem que ter embasamento das ações que você está tomando. (MARCELO)*

> *A dificuldade é que ela envolve essa etapa de diferenciação e, a princípio, todos acham que são bons – e realmente são*

> – mas chega um momento que é o momento onde você tem que dizer quem foi o melhor dentre esses que foram bons e esse é o ponto mais polêmico da questão da meritocracia. (ROCHA)

> A confusão já vem aí. Porque, na hora de recompensar, elas [as lideranças] não fazem avaliação. Se merecem...Não fazem a equiparação... (AUGUSTO)

> O reconhecimento da meritocracia não basta ser, acho que tem que parecer e tem que estar nos empregados; os profissionais têm que reconhecer essa meritocracia como uma vivência da empresa. Isso de ser um valor, lá, de RH, impresso, na sala bonita, não adianta. (JAIR)

Em outros casos a dificuldade é característica natural do processo que precisa sustentar uma cultura ou garantir um balanceamento entre entrega (resultados, desempenho) e retribuição (recompensa, reconhecimento), que nem sempre são favoráveis às decisões baseadas no merecimento ou no conteúdo. A aparência, os estereótipos e os traços de personalidade devem ser compreendidos como forma e não como o conteúdo do que deve ou não ser considerado no ambiente meritocrático. Assim

> Não é se a pessoa é mulher ou homem, se é branco ou se é preto, se é gordo ou se é magro, se é brasileiro ou se é argentino. No fundo não interessa. Interessa é o mérito. Isso para mim é meritocracia. É fácil falar, difícil é fazer de modo realmente sistemático. (COUTINHO)

> Ver qual o grau de diferenciação em relação aos outros que você está dando para ver se é adequado também...Não pode ser tão pequeno, mas também se for muito distante, também pode causar algum tipo de problema [...] no clima organizacional daquela área. (ROCHA)

As dificuldades associam-se também ao perfil de determinados profissionais. Para alguns executivos, comportamentos antimeritocráticos, por parte das lideranças e dos trabalhadores, devem ser combatidos permanentemente, sempre que identificados. As situações que impedem ou inibem ações meritocráticas podem estar relacionadas ao perfil dos empregados ou das lideranças, em todos os níveis.

> *Impressionante: as pessoas medíocres ou que não têm uma performance alta adoram conviver entre si, porque ninguém cobra ninguém...tapinha nas costas e...não vamos colocar meta alta pra gente, não, porque é autoflagelação. (MARCELO)*

> *Se ele [um empregado] consegue realmente tomar uma decisão baseada no mérito, a gente tem a meritocracia instalada. Só que, muitas vezes, o comportamento humano é contrário a isso. (COUTINHO)*

> *A avaliação de desempenho é um assunto tão complexo... tão... [...] Até porque eu era um extremo defensor e, hoje, de vez em quando, a gente para... [...]. Acho que o contexto da nossa sociedade [...] O brasileiro tem muita dificuldade para fazer avaliação. (AUGUSTO)*

Entre as dificuldades, a ideia de que o tempo de empresa é, ainda, um elemento que mascara a meritocracia e produz influência sobre decisões envolvendo mobilidade e carreira, mesmo em organizações que buscam, de forma incessante, a eliminação de tal aspecto. Um executivo relata um caso discutido recentemente em sua empresa:

> *Imagina que você tem duas pessoas para tomar uma decisão de quem você vai promover e tem um cara que está há dez anos na empresa, que a equipe gosta dele, todo mundo acha ele um cara gente boa, um cara querido, mas que está ali um pouco acomodado...está ali meio que sem criatividade... cansado...e tem um jovem que acabou de entrar, tem um ano e meio na empresa que está cheio de gás, está dando ideias, está se expondo, que está entregando o resultado que é esperado dele. Você tem que promover um dos dois. Quem você vai promover? Qual que é mais fácil promover para o cara que está tomando decisão? Onde ele vai receber menos crítica do sistema ao tomar aquela decisão? (COUTINHO).*

Como nada é simples no contexto da gestão de pessoas, como determinado executivo afirmou, há que se destacar, nesse caso, que

> *É fácil falar, mas você não pode desconsiderar o histórico do cara que tem dez anos [de empresa] (COUTINHO)*

> *Você tem que ter disciplina para isso acontecer porque isso não acontece do nada. (COUTINHO)*

Embora não tenha sido algo a ser destacado pelos executivos com experiência mais efetiva ou integral na área privada, aspectos legais ou sindicais estiveram presentes no discurso daqueles envolvidos com gestão de pessoas em empresas públicas ou estatais. Na visão dos entrevistados, são entraves para a meritocracia os aspectos legais ou sindicais que, eventualmente, restringem ações mais efetivas em relação ao desempenho individual e o impacto em aumento salarial, progressão na carreira ou concessão de remuneração variável.

A capacitação dos gestores, das lideranças em geral, e suas ações sobre o processo de avaliação do desempenho e sobre a atribuição de recompensas ou de reconhecimento, financeiro ou não financeiro, também foi destacada como algo permanentemente necessário e desafiador.

> *Alguns gerentes até colocam que esse é o pior momento para eles, justamente quando eles têm que fazer essa diferenciação. Quem é da equipe que se destaca, que tem melhor desempenho? Tem uns que [...] se você pudesse, nem vivia esse momento [...] nem queria ser gerente nessa hora [...] Vai ter que dizer que o empregado A vai receber aumento por conta do mérito e o empregado B não vai receber aumento... (ROCHA).*

> *As pessoas olham para os seus líderes; são eles que são a referência de comportamento que deveriam estar constantemente se perguntando se estão sendo referência de comportamento profissional. (COUTINHO)*

> *Como é que a gente faz para que as pessoas saibam a importância de ter uma gerência, de ser um gestor, [...] que é o que pode? A gente conseguiu fazer esse alinhamento, mas com muito...carinho. (AUGUSTO)*

> *Por mais que a empresa tenha uma política de meritocracia, cada gestor usa um critério. Às vezes o relacionamento,*

> *porque é uma pessoa mais relacional, às vezes o foco no resultado, no cliente...a pessoa que é mais expansiva, mais comunicativa... (MAURÍCIO).*
>
> *O desafio aqui é como identificar e mapear de forma clara, coerente e transparente os profissionais que, por mérito, merecem mais que os outros e como manter um bom ambiente de trabalho, onde a competitividade por estes recursos não acabe prejudicando o dia a dia dos negócios e não gere desmotivação dos demais profissionais. (JAIR)*
>
> *Você precisa definir o que é mérito para as pessoas poderem entender e, consequentemente, irem atrás dele para poderem ser reconhecidas ou recompensadas. (COUTINHO)*

Ações meritocráticas devem envolver não somente os que se destacam positivamente, mas os que apresentam problemas associados ao desempenho. É também parte da meritocracia, nesse sentido, transparência em relação aos que apresentam problemas de 'entrega', até em função de ser desejo da meritocracia que tais pessoas *"não existam"* (MARCELO). Para um determinado executivo, é fundamental a transparência:

> *para quem não está performando. Inclusive a dignidade de poder chegar para a pessoa e falar: olha, você não está performando. Você precisa acordar....Porque, no fundo, o cara precisa até de um alerta. Não falar nada é injusto com a pessoa que performa bem, porque você está colocando ele no mesmo balaio que os outros. (COUTINHO)*
>
> *[meritocracia] Não só com o cara que tem a perfomance positiva, mas também com o cara que tem a performance negativa para que ele possa entender e ter apoio e, eventualmente, virar o jogo. (COUTINHO)*

A transparência dos processos, a dependência para sistemas confiáveis de gestão e controle das metas e resultados, que interagem dinamicamente, também são apresentados como dificuldades ou desafios, juntamente com o fato de a meritocracia – para ser percebida – depender de uma ação integrada das lideranças, em todos os níveis. Para alguns executivos

> Remunerar de forma meritocrática é difícil. Criar sistemas que sejam claros e transparentes e ser meritocrático é difícil porque o mundo é dinâmico é complexo, as interferências no desempenho são grandes, externas, e muitas vezes fora de controle das pessoas. (COUTINHO)

> Cada um tem um book de avaliações. Cada um faz um tipo de avaliação e privilegia algum tipo de comportamento. (MAURÍCIO)

> Temos que tomar muito cuidado porque RH não está no departamento de RH, não está na salinha do RH - está nos gestores. E, dependendo do tamanho da empresa, você pode perder a mão disso muito rapidamente, ou seja, você tem dezenas, centenas e, às vezes, milhares de gestores praticando RH, praticando o que a empresa acredita que é meritocracia. Então, ter isso bem disseminado, muito bem difundido, de práticas, de processos...é muito importante, pois é muito fácil perder a mão, realmente...a percepção da meritocracia, porque isso acaba sendo muito diluído dentro da própria organização. (JAIR)

> [a área de RH precisa agir para a] diminuição de politicagem, digamos, nos processos. (JAIR)

O preconceito, preferências ou viéses não meritórios, explorados em diversos estudos apresentados no referencial teórico, são destacados por alguns dos entrevistados, ora como uma situação que ocorre – e que precisa ser combatida –, ora, apenas como um reforço de algo que precisa ser evitado ou eliminado do ambiente. Para alguns executivos

> Decisões relacionadas à sua força de trabalho, baseadas em raça, em idade, qualquer outro fator que não seja o desempenho não é meritocracia. É muito fácil você resvalar para isso, é muito fácil...A rotina, o ambiente, a sociedade, a comodidade...te deixam resvalar por esse nível. Você acha que está sendo meritocrático, mas você não está sendo. Então, na verdade, é uma autorreflexão constante para você se perguntar se sua empresa é realmente meritocrática. (COUTINHO)

> é muito fácil perder a mão (JAIR)

A transparência, citada como um problema recorrente para a meritocracia, pode ser também particularmente útil para fazer aflorá-la e permitir que seja combatido aquilo que não se enquadra como meritocracia. A falta de transparência é vista como um obstáculo a ser vencido em organizações que colocam a meritocracia como uma diretriz a ser observada, pois

> *isso é ainda um tabu dentro das empresas e elas precisam abrir até para acabar com o que não é meritocracia, porque quando esse processo é mais claro, você tem que dizer os seus critérios para todo mundo, você também tem que ser mais coerente. Se você esconde, ninguém sabe por que eu dei aumento para um ou para outro. Às vezes, nem sabe que eu dei aumento para aquela pessoa. Até pela justiça do processo, quanto mais transparente for, menos a gente vai ter o que não é meritocracia nas empresas. (MAURÍCIO)*
>
> *A empresa está pronta para que grau de transparência sobre o reconhecimento de profissionais diferenciados? Como verão os demais profissionais e como se comportarão depois disso? (JAIR)*
>
> *[é necessário] trabalhar a meritocracia para desabilitar vetores negativos, que é do impacto no compromisso, no engajamento, na satisfação do ambiente...na justiça interna...em um ambiente de confiança... (AUGUSTO)*

Por fim, o paradoxo de que regras ou direcionadores claros exigem também certo grau de flexibilidade, de adaptação a situações não previstas ou variáveis sobre as quais a organização ou os indivíduos não tinham controle. Assim, a meritocracia exige uma relativização dos resultados. Para alguns executivos

> *tem que existir um esforço de comunicação, porém ela também tem que ser um pouco flexível, porque tem que considerar efeitos externos que muitas vezes impactam a alocação desses recursos de forma meritocrática. Então, tem essa complexidade do lado, digamos, financeiro, de remuneração variável, remuneração fixa mais remuneração variável. (COUTINHO)*

> *[porque] é muito fácil perder a mão, realmente [e comprometer] a percepção da meritocracia. (JAIR)*

Os Próximos Passos da Meritocracia

> *"Diplomas, títulos, PhDs! A natureza, ao fazer um ser humano competente, por acaso consulta faculdades?"*
>
> MILLÔR FERNANDES

Um dos executivos apontou que a palavra meritocracia vem sendo usada apenas como forma de atender a um dos *stakeholders*, normalmente o acionista, o diretor, o presidente, o dono da empresa ou o gestor daquela área ou departamento. Outros *stakeholders*, no entanto, devem ser contemplados nos desafios, nas metas ou nos comportamentos que acionam formas de recompensar ou reconhecer, o que poderia caracterizar um segundo estágio ou um próximo passo a ser dado por algumas organizações. Para esse entrevistado

> *As organizações têm outros parceiros: têm o acionista, tem o consumidor, tem o cliente, tem o distribuidor, o fornecedor, tem o meio ambiente. É um parceiro importante! Têm os empregados. Quando você começa a analisar a meritocracia para cada um deles, não vai ser entregar mais resultado financeiro. Pode ser que seja alguma coisa diferente e a gente não reconhece hoje isso. (LUCAS)*

Assim, olhar ciclos curtos e/ou apenas resultados financeiros pode ser uma visão míope sobre o papel de uma organização para uma sociedade, para os governos, para os cidadãos e para todos aqueles que esperam ações sustentáveis. Nesse sentido, a meritocracia deveria ser colocada como forma de observar o desempenho em sentido cada vez mais amplo. O desempenho financeiro seria essencial, mas não poderia ou não deveria desprezar metas mais amplas e de maior impacto para um crescimento sustentável de longo prazo. Lucro, faturamento, receita, despesas e retornos econômicos ou financeiros são aspectos que retroalimentam o capital

> *Só que nem sempre você está construindo um mundo melhor dessa forma. Você pode estar construindo um mundo melhor de outras formas. Pensando no meio ambiente, pensando na comunidade ao seu redor. Então, a organização hoje tem outros papéis, outros parceiros que não são tão considerados quando você pensa. Bom, meritocracia para... O que é o mérito? O mérito é só entregar mais resultado ou entregar resultado sustentável ecologicamente? Sustentável para a comunidade em volta? Sustentável para os empregados? (LUCAS)*

Os resultados vinculados à ideia de meritocracia não poderiam desprezar as preocupações com a sustentabilidade da organização em um prazo mais longo, a despeito das pressões de curto prazo. Ações sustentáveis, que observam governança corporativa, em um ambiente de responsabilidade social, precisam observar o que é feito

> *[...] porém também o como você faz, porque, dependendo de como você fez, vai ser sustentável ou não no futuro. Então, você também tem que mensurar isso para ter a meritocracia. Eu acho que é uma ferramenta muito importante, mas que também tem os seus desafios intrínsecos. (COUTINHO)*

> *[e] Ter um sistema de meritocracia que realmente recompense as pessoas pelo que elas produzem, pelo que elas fazem, não só em termos de resultados, mas principalmente em termos de relacionamento, porque, hoje, mais do que resultado, as empresas precisam desse conjugado - da forma como as pessoas chegam lá, como elas alcançam o resultado e o resultado em si. Antigamente só se cobrava o resultado. Não importa o que você fizesse para conseguir aquilo. Só que hoje a gente vê que isso prejudica o resultado total da empresa. (MAURÍCIO)*

Do contrário, a meritocracia será apenas mais um termo a compor o repertório dos executivos, os murais, os vídeos aos empregados ou o rótulo de determinadas políticas, podendo até mesmo fazer ruir os esforços de construção do trabalho em equipe ou de uma sustentabilidade no longo prazo. Essa desconexão pode trazer um valor negativo aos esforços em torno da meritocracia, tornando-a sem significado prático ou mesmo como um significado ruim; pode ser algo que *"muita gente fala meritocracia da boca pra fora"* (MARCELO). Para esse executivo

> *A gente vê empresas que botam isso...[quadros com a palavra meritocracia] mas na verdade não fazem nada. E aí eu acho que é pior porque está ali na parede e lembra o tempo todo às pessoas que aquilo não acontece naquele ambiente de trabalho, naquela organização. (MAURÍCIO)*

Alerta um dos executivos entrevistados que a palavra meritocracia *"está um pouco desgastada de tanto que ela está sendo utilizada"* e *"não necessariamente ela está sendo vivida"* (COUTINHO). A meritocracia - a exemplo de tantas outras abordagens - *"não sobrevive sem ações! Não sobrevive sem ações!"*, pois *"tudo tem que ter ação!"*. Nesse sentido, *"não basta à mulher de Cesar ser honesta, tem que parecer honesta! Tem que agir! Tem que mostrar!"* (AUGUSTO), o que também é esperado da meritocracia anunciada por algumas organizações.

Implantar políticas e identificá-las como meritocráticas é um desafio que precisa ser discutido intensamente pela organização, *"pois não basta ser meritocrático, [...] você precisa parecer meritocrático"* (JAIR). De acordo com um executivo *"a maioria das pessoas fala de meritocracia sem fazer uma avaliação profunda disso. O que é isso no seu dia a dia?"* Que impacto tal declaração pode trazer? Será naquele ambiente algo distintivo positivamente ou *"um pouco o nome da hora"* (AUGUSTO)?

Sustentar os argumentos meritocráticos apresenta-se como outro estepe desafiador. Para um dos executivos, *"o grande vilão do gerenciamento de pessoas"* – e vilão também da sustentação da meritocracia – *"é a rotina, é o dia a dia, é o incêndio, é a demanda que acontece agora"*. Para ele, no entanto, *"isso é necessário porque o mundo é dinâmico, a empresa é dinâmica; ela tem que reagir aos estímulos dinâmicos do dia a dia"* (COUTINHO), não podendo o gestor fugir dessa atenção quotidiana.

Por fim, o desafio de distinguir sem criar uma casta, por vezes explorada na literatura. Um dos executivos entende que existe, neste caso, um desafio adicional. Para ele, o desafio da meritocracia é compreender que destaques individuais não sobrevivem sem o apoio de um conjunto amplo de pessoas, eventualmente anônimas e em diferentes posições na estrutura da organização. Segundo seu entendimento,

> *o grande desafio aqui é como fazer isso sem desmotivar [...] a grande massa da empresa; a própria empresa, não ser uma empresa de estrelas; e como você reforçar o ambiente de trabalho. Então tem alguns desafios nesse processo. (JAIR)*

CONCLUSÕES (PROVISÓRIAS E PARCIAIS) SOBRE MERITOCRACIA

> *"Nada é mais perigoso que uma ideia, se você tem apenas uma."*
>
> ANÔNIMO

A palavra meritocracia, ao contrário do que visava seu autor, M. Young – e do que eu mesmo supunha no início do trabalho de pesquisa – carrega intrinsecamente a imagem da boa fé, é marcada pela busca do equilíbrio permanente entre merecimento, recompensas, reconhecimento e oportunidades, pelo foco no mérito individual ou no merecimento como elemento central e orientador das ações de Recursos Humanos em seus diferentes subsistemas, eliminados – ou reduzidos, de forma expressiva – preconceitos, preferências pessoais, protecionismo, favoritismo, apadrinhamento, paternalismo e redes de proteção recíproca.

Em função dessa complexidade tento capturar, nas próximas páginas, questões que sintetizam, de alguma forma, a percepção dos executivos entrevistados em relação ao tema meritocracia, correlacionando tais percepções com alguns resultados apontados em pesquisas realizadas anteriormente, dentro e fora do contexto organizacional, mas diretamente associados ao que seria merecimento, recompensa, reconhecimento, mobilidade funcional e outras ações. São tentativas que devem abrir espaço para reflexões mais amplas e, por certo, mais consistentes.

A Meritocracia pelo Olhar dos Executivos

Meritocracia, na visão dos entrevistados, não permite formular um conceito, mas sim diferentes proposições. Como tentativa, pode ser definida como um modelo de gestão ou como uma forma de gerenciar o trabalho e as pessoas, tendo no mérito o principal critério para garantir as recompensas e a trajetória dos trabalhadores. Pode também ser um sistema ou o braço de uma estratégia empresarial, apoiando ações em torno de objetivos comuns, pode ser uma política ou um programa, servindo para orquestrar práticas de RH direcionadas às entregas e às recompensas. Pode ser uma mentalidade que exige determinados incentivos para sua efetivação, ou uma combinação de ações no campo da remuneração, dos benefícios, do ambiente de trabalho e nas oportunidades de aprendizado e desenvolvimento.

Outras proposições foram colocadas como forma de se estabelecer um conceito ou definição para a meritocracia: meritocracia é o local onde as decisões – principalmente as decisões sobre carreira – são baseadas no merecimento, normalmente individual, sendo meritório recompensar ou reconhecer alguém em função de algo merecido; uma forma de diferenciar quem entrega de quem não entrega ou, de forma mais ampla, o processo por meio do qual são reconhecidas as pessoas com melhor desempenho, sendo necessário não reconhecer pessoas sem desempenho superior. A meritocracia pode também ser a distinção de pessoas que atingem objetivos de forma diferenciada em relação a outras pessoas ou ainda a promoção de um ambiente em que pessoas de desempenho superior sejam reconhecidas de forma diferente das demais.

Meritocracia pode também ser definida pela ação de reconhecimento, seja financeiro ou na forma de oportunidades; de desafios ou de dinheiro, pela qual pessoas que oferecem mais resultados à organização, sob diferentes pontos de vista, com ou sem a presença formal da avaliação de desempenho, são recompensadas ou reconhecidas considerando-se um conjunto complexo de atribuitos ou de expectativas em relação ao desempenho, quantitativo ou qualitativo. Nesse contexto – e talvez como desejo ou desafio – meritocracia exigiria diferentes olhares em função das diferentes maneiras de alguém agregar valor, sem competências definidas, critérios matemáticos, indicadores, métricas e réguas comuns a qualquer empregado ou gestor.

> *"O mundo não está interessado nas tempestades que encontrastes, quer saber se trouxestes o navio."*
>
> WILLIAM MCFEE

Ainda que relativamente imprecisa ou difusa no contexto organizacional, pelas diferentes representações, a meritocracia deve contemplar a transparência no processo de gestão. A transparência seria, assim, uma de suas características mais distintivas, tanto em relação às políticas, normas, procedimentos e sistemas, quanto em relação aos critérios de mobilidade interna, de preenchimento de vagas, de recompensas, de reconhecimento financeiro e não financeiro, de alocação em projetos, de acesso aos investimentos em desenvolvimento profissional; de concessão de benefícios[228] e de outras vantagens inseridas no contexto da gestão de pessoas.

A meritocracia também deve ser distinguida pelo tipo de pessoa que a empresa contrata, promove ou demite. Do perfil da pessoa que permanece ou que progride na organização; um perfil diligente e empreendedor, ao mesmo tempo em que relativamente autônomo, automotivado, disciplinado e orientado por metas desafiadoras, individuais ou para pequenos grupos. Uma pessoa bem fundamentada tecnicamente, com experiência, realizadora de um trabalho de qualidade e com entrega de resultados (quantificáveis) para a organização, um indivíduo que deseja renovar, contratual e simbolicamente, seu contrato de trabalho a cada entrega, sem a crença – em alguns casos – de vínculos emocionais de longo prazo.

> *"A excelência jamais é um acidente."*
>
> JACKSON BROWN

Do mesmo modo, são característicos da meritocracia os símbolos de conquista, tais como troféus, prêmios, medalhas, diplomas e certificados, o ranqueamento ou hierarquização de profissionais, de unidades de negócios e de resultados em diferentes indicadores, a evidência de elementos associados à disputa, à concorrência interna e externa, as vitórias, colocações em tabelas, práticas de remuneração diferenciadas em relação aos que mais se destacam nos critérios definidos e explicitados, de alguma forma, pela organização; premiações de destaques em resultados econômicos, financeiros e operacionais de curto prazo.

Outra característica da meritocracia, que reforça o parágrafo anterior, é a publicidade das ações consideradas meritocráticas, podendo tais ações envolver afixação do nome de contemplados em premiações ou homenagens em quadros de aviso, informação sobre o perfil de empregados contratados ou promovidos, disponibilidade de vagas e indicação do processo de seleção, justificativa pública para determinada transferência ou deslocamento, concessão de benefícios, de vantagens ou facilidades, reclassificação do cargo, mudança para um título de cargo com maior visibilidade, desligamento, aumento por mérito, gratificação por desempenho, incentivos de longo prazo (ações, opções de ações, ações restritas) ou até mesmo afastamento.

"Somente os competentes são modestos."

SAMUEL SZWARK

Outra característica distintiva – e provavelmente a mais marcante da meritocracia, ao lado da transparência, pelo destaque que mereceu dos executivos entrevistados – não está na autodeclaração da empresa, na formatação de políticas específicas, programas ou explicitação de direcionadores que tomam o desempenho como base para as ações de RH, não está nas evidências corporativas de decisões baseadas no mérito individual ou na publicidade de feitos internos. Na prática, a meritocracia se caracterizaria pelo nível de percepção dos empregados, dos colaboradores em geral, sobre decisões baseadas em critérios que sejam identificados como dissociados de protecionismo, de panelas e de feudos em redes de proteção mútua.

Assim, meritocracia não seria uma medida absoluta, do tipo possui ou não possui. Trata-se, de acordo com a pesquisa, de uma medida relativa de intensidade, de consistência, de 'dose' para não se *"perder a mão"*, como citado por entrevistados. Ao mesmo tempo em que pode auxiliar na energização das equipes de trabalho, estabelecendo um caminho às lideranças e aos empregados em geral, pode sufocar o trabalho em equipe, trazer medo, embassar a visão de médio-longo prazos, produzir ou manter – paradoxalmente – feudos, castas, indivíduos autômatos e possuidores de uma realidade parcial, estreita, desintegrada e até mesmo descomprometida; pode reforçar uma visão excessivamente burocrática e sem capacidade de transformação.

Em outra medida, a meritocracia não se caracterizaria somente pela associação direta ao que é anunciado, ao que é feito internamente ou à forma como recompensas, reconhecimento, oportunidades, benefícios e desafios se apresentam para os indivíduos no contexto organizacional; não estaria limitada às ações em si, mas condicionada à percepção dos empregados ou colaboradores nos diferentes níveis. Ela – a meritocracia – existe se é percebida, não existe se não é identificada na prática quotidiana, pelos empregados, quer nos processos de promoção, premiação, reconhecimento, admissão ou desligamento.

A suposição de que a palavra meritocracia não possui um significado específico, prático e distintivo para o conjunto dos executivos pôde ser, de certo modo, confirmada, embora o merecimento individual – avaliado sob ângulos distintos e predominantemente subjetivos – seja considerado essencial para o desenvolvimento da carreira dos trabalhadores, para concessão de recompensas financeiras e para a oferta das diversas formas de reconhecimento financeiro e não financeiro, com reflexo em benefícios e ações de desenvolvimento, de mobilidade, de deslocamento, de crescimento horizontal ou vertical.

Tal como anunciado por Arrow, Bowles e Durlauf, a meritocracia possui diversas virtudes, não sendo a clareza uma delas. Nessa linha, não houve evidências de uma ideia comum de meritocracia, mas sim de um leque de possibilidades para cada um dos entrevistados, em cada organização, com diferentes argumentos para sua introdução, explicitação ou manutenção. No conjunto, muitas foram as formas de se abordar o termo, que transitou, como sugerido pela literatura estudada, entre sistema, programa, ação ou ato de premiar baseado em merecimento, como parâmetro para tomada de decisão, direcionador, sistemática de troca entre resultados por recompensas financeiras ou modelo de gestão, forma de gerenciar, braço de apoio à estratégica da organização e ainda uma forma de comunicar intenções, de fazer propaganda ou de sugerir a quebra de paradigmas no campo da gestão de pessoas.

"Não conheço a chave para o sucesso, mas a chave para o fracasso é querer agradar todo mundo."

BILL COSBY

A suposição de que os executivos não creditam à meritocracia a oferta de igualdade de oportunidade não foi confirmada. A palavra meritocracia foi predominantemente utilizada em contraponto às decisões baseadas em relações de amizade, em contraponto às ações de proteção em função de preferências pessoais ou de preconceitos; em contraste aos privilégios não sustentados nos interesses da organização na busca por resultados econômicos, financeiros, operacionais ou sociais. Outra suposição não foi confirmada: a de que as estratégias, práticas, políticas, programas, ações e entendimentos associados à gestão de RH independeram – ou mesmo independem – do uso do termo meritocracia, na medida em que para os executivos entrevistados,de forma geral, meritocracia é ao mesmo tempo a razão, a ação e o reflexo de estratégias, práticas, políticas, programas, ações e entendimentos que podem transitar entre prática efetiva, desejo, oportunidade, desafio ou provocação ao *status quo*.

> *"Há mais pessoas que desistem do que pessoas que fracassam."*
>
> HENRY FORD

Na prática, como tentei descrever, muitas são as formas de se compreender a meritocracia ou o chamado ambiente meritocrático, formas essas que podem depender de um discurso ou de um anúncio institucional e corporativo sobre a presença da meritocracia enquanto diretriz, sistema, paradigma ou modelo de gestão; situação em que os diversos subsistemas de gestão de pessoas precisam se apoiar em premissas que considerem o merecimento, a relativa igualdade de oportunidade, quer envolvam aquisição, captação ou atração, manutenção das relações contratuais e do gerenciamento quotidiano, retenção, reconhecimento e criação do sentimento de percencimento, do desenvolvimento profissional, da punição ou desligamento de colaboradores.

O termo meritocracia pode ser compreendido e explicitado através de ações tomadas pela organização, independentemente de uma decisão de se utilizar a referida palavra no discurso corporativo, institucional. Nessa perspectiva, recompensas e ações de reconhecimento, explicitamente vinculadas ao merecimento individual, qualquer que seja a forma de avaliação, por si sós, são meritocráticas, situação que pode ocorrer em um departamento, mas não em outro, em uma situação, mas não em outra, com determinado gestor em determinado momento, mas não com este mesmo gestor, em todos os momentos. Meritocracia pode ser vista como uma ação de gestão que se apoia em critério considerado adequado pelos envolvidos, em que pese o desafio de criação de uma mesma percepção para fenômenos complexos.

> *"A mais alta das torres começa no solo"*
>
> PROVÉRBIO CHINÊS

Pode, nesse sentido, ser evidenciada a partir de uma combinação de atributos ou de condições que, uma vez exposta, divulgada abertamente, credencia os gestores ao uso do termo meritocracia. Trata-se de uma situação em que a meritocracia precisa se apoiar em atributos compartilhados pelos gestores, que precisam deixar claro o que é e o que não é meritocrático para aquela liderança ou para aquela organização, quando o tema é orquestrado corporativamente, com ou sem a liderança de Recursos Humanos. A avaliação do desempenho é a mola ou a alavanca da meritocracia, para alguns dos entrevistados, e apenas uma das ferramentas de gestão, para a maioria deles, podendo o gestor – para usar a palavra meritocracia – assegurar-se de uma combinação complexa de atributos ou aspectos quantitativos e qualitativos, objetivos, mensuráveis e subjetivos, racionais e transparentes.

A troca de resultados por premiação é o que caracteriza a meritocracia para um dos executivos entrevistados, distinto do que pensam outros, para os quais o referido termo deve considerar também o potencial, o engajamento, o comprometimento e alinhamento de indivíduos às suas respectivas organizações. Nesse contexto a meritocracia deve envolver o alcance de metas e, ao mesmo tempo, os atributos profissionais e pessoais orientadores de ações de desenvolvimento, reconhecimento, mobilidade, ascensão e incentivos financeiros de longo prazo. Para a maioria dos entrevistados as trocas entre a organização e seus colaboradores não deve tomar como base apenas resultados financeiros de curto prazo, como ocorre na comissão pelas vendas ou nas gorjetas compulsórias dos garçons. Não podem, no entanto, desprezar formas de estimular comportamentos agregadores de valor aos negócios da organização, o que inclui prêmios em função de resultados financeiros ou operacionais de curtíssimo prazo.

> *"A infelicidade é não saber o que se quer e fazer um esforço enorme para consegui-lo"*
>
> D. HEROLD

O mesmo ocorre com o ato de recompensar ou reconhecer, visto como meritocracia em si para um dos executivos. Receber uma premiação em função de resultados, de metas alcançadas ou de objetivos superados é receber uma meritocracia, que independeria do processo de avaliação, de anúncio institucional e corporativo, de sistemas transparentes ou de modelo de gestão. Nesse caso, a meritocracia estaria na concessão em si, bem além das avaliações, na medida em que – entre outras variáveis – consideraria o potencial das pessoas, o comprometimento delas com os negócios – inclusive em função do tempo dedicado à organização – e a experiência conquistada na prática quotidiana. Conceder uma meritocracia é o mesmo, para um determinado executivo, que conceder um prêmio, um aumento, uma gratificação, um reconhecimento. Um gestor oferece uma meritocracia e, assim, se credencia também para receber a sua, de outra instância organizacional.

> *"Não reclama, não! Quando um cara quer te fazer de idiota é porque encontrou o material."*
>
> MILLÔR FERNANDES

A meritocracia está presente como um direcionador informal, não sistematizado, ou como forma de provocar gradativamente mudança de paradigmas sobre liderança e gestão de processos. Nesse caso, o termo agiria como uma tentativa (e permanente) de alinhar recompensas e reconhecimento ao merecimento individual, medido ou interpretado sob perspectiva diferente e relativamente transparente, o que auxiliaria os gestores no processo de sensibilização para uma gestão menos personalística, mais profissional, relativamente impessoal – se isso é possívelno campo das relações humanas – e menos dependente de preferências discricionárias, por vezes imersas em preconceitos velados ou explícitos, relações de amizade ou de interesses desconectados dos interesses maiores de suas organizações. A palavra meritocracia, nesse caso, seria parte do discurso de mudança no processo de gestão, na medida em que poderia trazer alguma blindagem para práticas mais alinhadas com a modernização dos processos de gestão do capital humano.

> *"No que diz respeito ao desempenho, ao compromisso, ao esforço, à dedicação, não existe meio termo. Ou você faz uma coisa bem-feita ou não faz."*
>
> AYRTON SENNA

Deste modo, muitas são as abordagens vinculadas à ideia de meritocracia ou de práticas comumente adotadas em ambientes apontados como meritocráticos, conforme explorado no Quadro 4. Admitindo-se o conjunto dos temas explicitados espontaneamente pelos executivos ou capturados nas pesquisas em função de alusões ou de entendimento, observa-se um amplo leque de possibilidades de conexão ou de evidência de meritocracia.

Em relação à parte fixa da remuneração, direta ou indireta, a meritocracia pode estar conectada aos aumentos salariais em função do desempenho no cargo, da mobilidade interna ou em função de outros motivos vinculados ao desempenho. Nessa parte fixa, de alguma forma, a meritocracia pode se conectar a alguns benefícios[229] adotados como forma de reconhecimento ou de privilégios respaldados por critérios amplamente divulgados.

Na parte variável da remuneração direta, a meritocracia pôde ser observada na forma de concessão dos diferentes incentivos financeiros de curto prazo, aqueles em que a relação resultado-esforço-premiação considera o período de até um ano, o que pode envolver bonificações, participação nos resultados, participação nos lucros, remuneração variável em vendas com ciclos anuais, gratificação por desempenho e reconhecimento financeiro em geral.

Incentivos financeiros de longo prazo – cujos ciclos variam entre três a cinco anos no Brasil – também podem estar associados à meritocracia, quer porque são concedidos em função da posição do empregado na estrutura da empresa – como forma de recompensa – quer porque dependem do potencial ou do valor que a empresa atribui ao indivíduo – como forma de reconhecimento. Opções de ações, ações restritas e ações por desempenho estão entre as abordagens ou programas associados, em alguma medida, à meritocracia, que por vezes consideram um *mix* de recompensa e de reconhecimento.

> *"Uma sociedade que não se importa com a excelência dos encanamentos, porque trata-se de uma atividade humilde, mas tolera a bacharelice na filosofia, porque é uma atividade enaltecida, não terá nem bons encanamentos nem boa filosofia. Seus canos, como suas teorias, estarão furados."*
>
> AL CAPONE

Como destacado em algumas entrevistas, há desafios culturais importantes a serem enfrentados em relação ao tema, bem como em relação ao que seja merecimento ou valor a ser agregado por uma pessoa, conforme salientado em diversas entrevistas com executivos. Parafraseando o que fora destacado por M. Young, em relação ao manifesto contra a meritocracia, o processo meritocrático deveria assegurar que as pessoas serão avaliadas não somente de acordo com a inteligência e educação, com sua ocupação, responsabilidade, autonomia, resultados e poder, mas de acordo com sua gentileza e coragem, de acordo com sua imaginação e sensibilidade, simpatia e generosidade. Isso implicaria ou exigiria um ambiente organizacional tolerante, em que as diferenças fossem ativamente desejadas e encorajadas, como também a passividade tolerada, e que tudo o mais fosse dado, oferecido ou disponibilizado para a dignidade dos trabalhadores; um ambiente em que todo indivíduo teria igual oportunidade, mas não através de medidas matemáticas e relativamente uniformes e sim para desenvolver sua própria capacidade de ter uma vida profissional e pessoalmente rica.

Como salientado por um dos executivos, a meritocracia deveria considerar o conjunto complexo de *stakeholders*, principalmente nas organizações que se apresentam como responsáveis socialmente, como defensoras da ideia de sustentabilidade, de empresa-cidadã e da governança corporativa. Isso amplia o foco para além da produção ou da entrega de produtos e serviços aos clientes, na medida em que consideraria interesses de governos, de sindicatos, da sociedade civil, das famílias, dos fornecedores, dos acionistas, do meio ambiente e de tudo o mais que cerca física, virtual, emocional, econômica, social e financeiramente a organização.

MERITOCRACIA NO CONTEXTO ORGANIZACIONAL

Questões foram apresentadas ao leitor no início deste livro de forma pretenciosa: as desigualdades apontadas em alguns estudos persistem a despeito dos esforços em promover a meritocracia ou são identificadas exatamente pelos esforços meritocráticos? A meritocracia, como descrita neste livro, pode ser considerada igualitária e justa e, ao mesmo tempo, injusta, mas desejável? Trata-se de algo com características distintivas ou apenas um modismo gerencial? O uso do termo meritocracia e a identificação de práticas a ele associadas representam algo distinto de outras práticas de gestão ou se apresentam apenas como propaganda ou desejo? A disseminação do termo no ambiente empresarial – e o viés positivo apresentado – dissociado do interesse da academia[230], pode ser o prenúncio de modismo, da verificação do isomorfismo mimético ou de um fenômeno ainda não percebido por pesquisadores? Trata-se de um discurso imposto pela governança corporativa – de dentro para fora – ou algo desejado pela organização, por seus acionistas e gestores?

Cada uma dessas perguntas contemplaria uma infinidade de respostas e, de certo modo, outras pesquisas, outros livros e reflexões. Posso, de forma pretenciosa, como disse antes, tentar levar o leitor a um conjunto provisório de tentativas de interpretação. Esse conjunto de tentativas é proveniente das interações com executivos, do meu trabalho técnico e de gestão ao longo dos anos, de minha atuação como pesquisador-professor, de minha condição de colaborador, líder e liderado, em diferentes contextos e condições. Será uma tentativa relativamente (isenta e) livre, uma vez que todos nós temos ângulos preferenciais ou somos sugestionados por experiências ou por interesses. Preferências por um ou outro modelo nos levam, pelo olhar da cultura, dos valores e das crenças, a colocar um holofote maior aqui ou ali. Acredito, no entanto, que o leitor, a despeito dos meus comentários, terá a oportunidade da livre interpretação por tudo registrado nesta obra.

Assim, pelo menos três conceitos podem ser extraídos de tudo o que fora aqui relatado na forma de pesquisa e de depoimentos, ainda que estejam sendo produzidos a partir de interações complexas. Chamarei de visão Y, X e Z prevalentes, considerando-se diferentes constructos[231]. Em função dos limites humanos para estabelecimento de uma relação direta e justa entre merecimento e oportunidade, merecimento, recompensa e reconhecimento, merecimento e mobilidade funcional ou mesmo merecimento e desligamento, começo cada uma das visões com a expressão esforço deliberado ou intencional. Nesse contexto, a meritocracia seria uma tese, critério, princípio, programa, sistema ou paradigma, na medida em que seria um esforço da gestão em direção a uma determinada forma prevalente de agir ou de apresentar a maneira como pretende agir ou como busca ser percebida.

No primeiro caso – a visão Y prevalente – o esforço para que as ações de RH estejam baseadas em critérios que permitam o uso contínuo das competências individuais, a maximização do investimento dos acionistas e o olhar atento aos demais *stakeholders*. No segundo caso – X prevalente – o esforço para que a palavra meritocracia represente a solução de problemas por parte dos empregados, funcionários ou servidores, ainda que sem o apoio das principais lideranças ou da ausência de condições sociais, políticas, econômicas ou legais favoráveis. No terceiro caso – Z prevalente – trata-se de um esforço para disseminação da palavra meritocracia, a despeito de qualquer significado ou intenção mais profunda ou estruturada. Busca-se, nesse caso, apenas um ajuste na forma, sem qualquer reflexo em relação ao conteúdo efetivo das ações internas voltadas à gestão do capital humano em seus diferentes subsistemas.

Embora didaticamente organizados em três constructos distintos (Quadro 5), há que se esperar uma sobreposição em uma mesma organização ou gestor. O termo prevalente, por mim proposto, sugere apenas a predominância de uma das visões.

Visão Y prevalente

Quadro 5: visões prevalentes da meritocracia

Visão Y prevalente	O que reforça
Esforço deliberado da organização, conforme explicitado pelos principais gestores, em assegurar que as contratações, que a mobilidade interna (promoção, deslocamento lateral, reclassificação, transferência) e que os desligamentos, assim como as recompensas e as diferentes formas de reconhecimento tomem como base critérios que assegurem – o mais possível – igualdade de oportunidade, desprezadas (todas) as formas de preconceito, protecionismo, nepotismo e interesses personalísticos de chefes, encarregados, supervisores, coordenadores, gerentes, diretores, vice-presidentes e do presidente ou da autoridade máxima da organização, dentro e fora dela. A igualdade de oportunidade – intencionada na visão Y prevalente – deve assegurar, em todos os subsistemas da gestão de pessoas (recrutamento, seleção, remuneração e afins), sempre que possível, a transparência dos critérios e das decisões em todos os níveis; deve estabelecer condições de proteção aos *stakeholders* no curto, médio e longo prazos. A visão Y prevalente busca assegurar, no discurso e na prática, a presença de negros, pardos e índios, mulheres, deficientes e gays em posições de destaque e de liderança, uma vez que nada é mais desigual tratar igual os que são, concreta ou simbolicamente, diferentes em relação a um modo prevalente ou a um estereótipo conveniente. Diferentes formas de agregar valor são consideradas, o que pode envolver indicadores quantitativos ou variáveis de difícil quantificação.	Decisões compartilhadas por meio de colegiados ou de comitês, segregação de funções que assegurem a integridade dos programas, canais de retroação e de *feedback*, principalmente aos que precisam melhorar, pesquisas de cultura e de clima organizacional, grupos focais para desenvolvimento de ações de melhoria, ações de desenvolvimento para alinhamento das pessoas em relação a determinados valores, interação expressiva entre as principais lideranças e seus subordinados, diretrizes e políticas formais e transparentes, canais para divulgação das ações e seus resultados, governança corporativa, ações efetivas de sustentabilidade, visão prevalente de longo prazo, auditoria de processos, consequências, o entendimento de que barreiras devem ser vencidas continuamente, uso de indicadores de gestão sobre diversidade.

A visão Y prevalente considera que os programas de recompensa servem para compartilhar com os empregados, funcionários ou servidores, os resultados obtidos pela organização, sempre como o entendimento de que as pessoas buscam os melhores resultados e buscariam tais resultados em função do senso de compromisso e do desejo em fazer o melhor para si próprio e para a organização na qual estão inseridas. Na visão Y prevalente, em que fins e meios têm importância, o salário base é a contrapartida do colaborador relacionada ao valor do trabalho desenvolvido, considerando-se uma estratégia de remuneração que faz sentido ao negócio, ao tamanho e às características da organização.

Recompensa: a visão Y compreende que sistemáticas de recompensa devem explicitar os grupos envolvidos, quando tais recompensas não consideram os empregados como um todo, seus principais objetivos, seus indicadores, métricas e metas, seus critérios formais de aferição dos resultados, os ciclos determinantes, as concessões envolvidas em dinheiro, bens, vantagens ou facilidades. O racional adotado para as concessões, as exceções, eventuais penalidades, gatilhos ou percentual de alcance em que as premiações devem ser consideradas, teto ou limite máximo a ser concedido, aspectos trabalhistas ou fiscais, quando aplicáveis, e os canais de interação entre os gestores e os empregados, inclusive para melhoria das condições de alcance ou superação dos resultados. Canais de informação (unilaretal) e de comunicação (bilateral) são criados para comunicar objetivos – alvos – ao mesmo tempo em que para dar transparência ao programa, às ações e à dinâmica a ser observada, tanto pelos empregados, quanto pelos gestores em geral.

Reconhecimento: no mesmo contexto, a visão Y define sistemáticas de reconhecimento alinhadas à visão e, principalmente, aos valores da organização. Compreende que cada forma de reconhecimento, definida em colegiado, busca comunicar os valores que a organização pretende reforçar, individual ou coletivamente. Tais valores variam de organização para organização e podem envolver trabalho em equipe, liderança, foco no cliente, ciência, inovação e tecnologia, honestidade, ética e integridade, excelência, desenvolvimento pessoal e profissional, compromisso ou comprometimento, senso de profissionalismo e hospitalidade. Programas de reconhemento devem destacar, quando aplicável, atitudes, comportamentos ou ações característicos de cada categoria do programa, critérios para concessão ou indicação, que pode envolver a permissão para autoindicação, concessões em dinheiro, certificados, viagens, bens, fotografias, participação em revistas internas, participação em eventos e financiamento de estudos e pesquisas.

Conclusões (Provisórias e Parciais) sobre Meritocracia

Visão X prevalente

Visão X prevalente	O que reforça
Esforço deliberado da organização em transferir os problemas organizacionais, operacionais, sociais, educacionais e interpessoais para os empregados, funcionários ou servidores, em todos os níveis, em troca dos quais são oferecidos – de maneira personalística – incentivos financeiros (premiações, gratificações), benefícios, vantagens, facilidades, lealdade, rede de proteção mútua ou apenas emprego, vaga ou posição (temporária) na hierarquia. A excessiva visão de curto prazo, a falta de governança corporativa e de preocupações com sustentabilidade, acrescida da presença de interesses difusos, faz da meritocracia uma moeda de troca entre a organização, seus gestores, empregados, servidores e funcionários, em todos os níveis; pouco ou nenhum critério, formal ou transparente, para contratações, alocações, mobilidade, desligamento, recompensa e reconhecimento. Na visão X prevalente os problemas, uma vez identificados (e normalmente complexos), são atribuídos aos colaboradores na forma de indicadores, métricas, desafios, objetivos, alvos, metas audaciosas (ou impossíveis se tratadas de forma simplista). São situações em que a penalização ocorre naturalmente com a falta da premiação, gratificação ou do incentivo financeiro proveniente daquilo que a organização classifica como meritocracia. O ganhar a premiação ou perdê-la (não recebê-la) são, predominantemente, obras do acaso, tendo em vista o conjunto amplo e complexo de variáveis a serem consideradas; ganhar ou não ganhar é uma questão de sorte ou azar.	Decisões isoladas por parte dos gestores, em todos os níveis, interferência (interna ou externa) no processo de gestão, ausência de canais de retroação e de pesquisas de clima e cultura organizacional, ações que estimulem de forma exarcebada resultados de curtíssimo prazo, baixa ou nenhuma interação entre gestores e empregados, metas impossíveis de serem alcançadas, principalmente sem apoio institucional ou das principais lideranças, ausência de políticas formais e de canais para divulgação das ações, casuísmo, ausência da figura da principal liderança e de ações envolvendo auditoria de processo, preconceitos e ações discricionárias sem consequências para os envolvidos, pouco nível de responsabilização, falta de continuidade no processo de gestão ou ausência de ações sustentáveis, falta de compromisso com continuidade, falta de transparência dos programas.

A visão X prevalente considera que os programas de recompensa servem para induzir os empregados, funcionários ou servidores a um comportamento que os mesmos não teriam se as recompensas não fossem comunicadas com antecedência. A visão X prevalente considera o salário base como um custo fixo a ser evitado, se possível fosse, cabendo às recompensas – na forma de remuneração variável – o complemento compensatório que deve ser buscado a todo custo, mesmo sem apoio institucional, da gestão, ou mesmo sem a infraestrutura necessária. Na visão X prevalente os fins podem justificar os meios, ainda que tal condição não esteja explícita ou não seja desejada pubicamente pelos gestores. Nesse contexto os colaboradores são, de certo modo, parte da solução do problema, ao mesmo tempo em que se confundem – ou podem ser confundidos – com o próprio prolema.

Recompensa: a visão X compreende que sistemáticas de recompensa devem explicitar, ainda que de forma difusa ou não suficientente clara, os grupos envolvidos, seus principais objetivos, seus indicadores, métricas e metas, os critérios de aferição dos resultados e concessões, sem preocupação com canais de comunicação ou de interação entre os gestores e os empregados, muito menos para melhoria das condições de alcance ou superação das metas, dos resultados, dos objetivos. Canais de informação (unilaretal) são suspeitos, na medida em que podem ser indesejados, pouco transparentes e/ou sem credibilidade. As premiações que vierem a ser concedidas, no caso de as metas serem alcançadas, não auxiliam no alcance de determinados alvos de remuneração ou na capacidade competitiva da organização em termos de remuneração.

Reconhecimento: no mesmo contexto, a visão X considera as sistemáticas de reconhecimento alinhadas ao interesse deste ou daquele gestor, independentemente da visão ou dos valores (difusos) corporativos mais nobres. Compreende que o reconhecimento individual deve ser dado aos mais fortes, aos mais visíveis às lideranças, aos mais tolerantes às condições inadequadas ou aos indivíduos politicamente com mais prestígio, interna ou externamente, ou com maior conexão com os que detêm poder e influência. As premiações que vierem a ser concedidas, no caso de obtenção das condições definidas ou desejadas, não auxiliam no alcance de determinados alvos ou padrões de remuneração, sem qualquer influência na capacidade competitiva da organização em termos de remuneração.

Visão Z prevalente

Visão Z prevalente	O que reforça
Esforço deliberado da organização, conforme explicitado nos veículos internos de comunicação e em algumas reuniões com os empregados, em assegurar a expansão e disseminação da palavra meritocracia e de sua vinculação com contratações, mobilidade interna (promoção, deslocamento, reclassificação, transferência), desligamentos, recompensas e reconhecimento (premiações, gratificações, participação nos resultados ou nos lucros, bonificações, opções de ações e afins), sem que critérios formais e explícitivos, assegurem igualdade de oportunidade ou que estejam – das mais diferntes maneiras - protegidos do preconceito, protecionismo, nepotismo e de interesses personalísticos de chefes, encarregados, supervisores, coordenadores, gerentes, diretores, vice-presidentes, do presidente ou da autoridade máxima da organização, dentro e fora dela. A visão Z prevalente considera que a palavra meritocracia, uma vez apresentada ou disseminada, é capaz de assegurar a melhoria continua do processo de gestão em todos os subsistemas, o que também garantiria um positivo impacto na percepção dos empregados e demais stakeholders.	Inclusão da palavra meritocracia em murais, em políticas e programas internos, sem a busca da coerência entre discurso e ação, entre teoria e prática, entre intenção, ações e percepção da força de trabalho, benchmarking com outras organizações que adotam o mesmo procedimento ou simplesmente o uso da palavra meritocracia, relação entre o termo meritocracia e comemorações de resutados que independeram da ação efetiva das pessoas, recompensas ou reconhecimento baseados em critérios aleatórios ou sem sustentação junto aos empregados, falta de clareza em relação aos valores da organização ou de seus objetivos estratégicos.

A visão Z prevalente considera que os programas de recompensa, quando existentes, servem para demonstrar que a organização possui mecanismos de remuneração variável, gratificações ou premiações vinculadas - ainda que simbolicamente - ao desempenho individual ou coletivo, tal qual outras organização apresentadas como modernas. A visão Y prevalente considera o salário base como um custo, como tantos outros itens de custo, não sendo relevante discutir, desenvolver ou implantar estratégias de remuneração que considerem um amplo conjunto de alternativas de remuneração direta ou indireta, fixa ou variável, de curto e de longo prazos. Na visão Z prevalente fins e meios não possuem – ou não precisam possuir – conexão entre eles para que a palavra meritocracia se faça presente. Do mesmo modo, programas ou ações de reconhecimento consideram valores (difusos) deste ou daquele gestor, circunstancialmente, uma vez que as formas de reconhecimento, quando existentes, são informais e sem sustentação no longo prazo. Não se espera que os mecanismos de reconhecimento, uma vez direcionados aos valores da organização, ajudem na sustentação de algo a ser disseminado.

> *"Ser totalmente claro sobre à extensão do problema [discriminação à raça/cor e gênero] é uma parte muito importante da solução."*
>
> LASZLO BLOCK

Cabe destacar que os três constructos apresentados não eliminam, como visto, sobreposições importantes em uma mesma organização, departamento ou liderança, nem mesmo a necessidade de outros tantos constructos ou vieses. O espinhoso mundo da meritocracia admite diferentes visões, sendo a mais difícil delas a visão contrária, refratária ou relativista. Não desejar a meritocracia, seja lá o que isso signifique, ecoa forte e de maneira negativa em parte expressiva das organizações ou para parte expressiva dos gestores ou dos colaborares. Isso obriga, em certo sentido, uma explanação adicional, como veremos.

A Meritocracia e as Ações Afirmativas

A igualdade de oportunidade, no contexto social brasileiro, pode ser relativamente complexa e por algumas razões básicas: a primeira porque a meritocracia de Young, não é, não deveria ou não poderia ser desejada quando diante da necessidade de ações afirmativas, tais como as cotas para negros, pardos e índios em universidades públicas, cota para mulheres em partidos políticos, espaço reservado para negros no serviço público federal, contingente mínimo para deficientes (PNE ou PCD), em qualquer organização privada, esforço de feminilização acelerada no comando de empresas e tantas outras medidas inclusivas que exigem tratamento diferenciado. Embora não sejam ações que guardem unanimidade – nem mesmo entre pessoas aparentemente beneficiadas – representam casos em que o preconceito cria ou mantém um abismo expressivo em relação ao direito de igualdade de oportunidade, ao direito de acesso pelo histórico de exclusão e desinvestimento, pelo apartamento social ou por toda relação de inequidade.

A frase 'nada mais desigual do que tratar igual os que são desiguais', usada em defesa do tratamento diferenciado aos que comparativamente são mais 'agregadores de valor' no ambiente empresarial, deve ser também observada no contexto da meritocracia, pela necessidade de tratamento desigual aos que apresentam, de fato ou simbolicamente, diferença em relação a determinado padrão predominante. Nesse contexto, o preconceito citado por Paschini, Bulgarelli, Kwate e Meyer, Castilla, Benard, Lima e Young, dentro e fora do ambiente organizacional, também deve ser considerado desafio permanente para alguns dos executivos entrevistados, em que pese não ser o ambiente empresarial (privado), com fins lucrativos, o espaço adequado para pleitos associados às ações afirmativas. Tais ações dependem, no ambiente social mais amplo, do braço forte do Estado, sem o qual mudanças ou transformações ficarão na agenda dos próximos séculos.

Imagem 1

A imagem de um homem subindo a escada e cortando os degraus (Imagem 1), apresentada no editorial do The Economist, impedindo outros de progredirem, embora limitada, fornece uma dimensão importante sobre as desigualdades que geram novas desigualdades, fazendo-as perpetuar além das competências ou do desejo e interesse individuais ao longo de décadas ou séculos. São exemplos quotidianos de estratégias de proteção do status quo.

Imagem 1: How to prevent a virtuous meritocracy entrenching itself at the top Feb 9th 2013 | From the print edition - http://www.economist.com/news

Matéria de Juliana Prado[232] destacou que ações afirmativas tiveram um retrocesso nos EUA, nos últimos anos, o que ajudaria a explicar a baixa pluralidade de raça/cor ou gênero em organizações como o Goggle. Em "Busca por diversidade tem poucos resultados no Google", Prado destaca, com base em levantamento parcial entregue à comissão de oportunidades iguais de emprego, entre os 26 mil empregados, que apenas 2% são negros e apenas 30% são mulheres. O perfil intensamente masculino e branco exigiu um pronunciamento de um dos vice-presidentes da empresa. "Ser totalmente claro sobre a extensão do problema" – embora não altere o perfil discriminatório da força de trabalho – "é uma parte muito importante da solução", disse ele, referindo-se, provavelmente, às ações que serão – ou que deverão ser – tomadas em relação aos processos de seleção externos e internos, tendo em vista a inadequação de um "Google branco e majoritariamente masculino". Para o professor Marcelo Paixão, da UFRJ, quando se reduz os esforços em ações afirmativas são também reduzidos os espaços para grupos tradicionalmente discriminados no ambiente de trabalho.

Estudos sobre disparidade salarial, no Brasil, também nos levam à mesma situação. É possível, em relação às diferenças salariais entre homens e mulheres, explicitar alguns dados colhidos através do CAGED (Cadastro Geral de Empregados e Desempregados) e da RAIS (Relação Anual de Informações Sociais) e disponibilizados pela Fundação Instituto de Pesquisa Econômica da USP (FIPE/USP). Analisando-se os dados então disponíveis, sem considerar estado da federação, faixa etária, setor, raça/cor e escolaridade, mas apenas o gênero, observa-se um *gap* entre o salário médio de admissão de homens e mulheres, desfavorável às mulheres. Em posições técnicas, gerenciais e de direção, cuja formação superior predominante envolve área humana ou social aplicada, o salário médio das mulheres representa 0,85 da média masculina. Em áreas de engenharia, tecnologia da informação, pesquisa e desenvolvimento, o padrão salarial feminino cai para 0,72. No nível de maior interação na condução da empresa – em posições de alta-liderança, o patamar desce para 0,59.

Quando isolamos, no referido estudo, dois importantes estados da região sudeste, para uma determinada posição de diretoria, o salário médio das mulheres sobe para 0,96 do salário dos diretores do gênero masculino. Ao analisar, por outro lado, dois estados da região nordeste, no mesmo cargo, a proporção dos salários do gênero feminino cai para 0,75. Entre os segmentos ou setores analisados, o de construção civil, com 0,66, apresenta a maior diferença entre os salários de homens e mulheres nas posições de *staff* analisadas, todas – lembrando – com exigência de formação superior. A indústria aparece em segundo, apontando uma relação de 0,77. O comércio com 0,70 e serviços, com 0,80, complementam o quadro estudado e auxiliam na demonstração dos *gaps*.

Há diferenças ainda expressivas entre salários de homens e mulheres no Brasil, tanto no conjunto dos dados do CAGED/RAIS, como em relação aos diversos setores da economia. Não se pode, no entanto, apenas inserir o foco nas disparidades entre homens e mulheres, na medida em que a FIPE, em www.fipe.org.br, também permite comparação salarial entre mulheres brancas e negras, tanto no conjunto dos dados como em relação aos setores pesquisados. No setor de serviços, por exemplo, nos mesmos cargos analisados anteriormente, mulheres negras apresentam salários 45% inferiores aos praticados para mulheres brancas, apontando 0,55 na relação entre os salários médios de contratação. Na indústria a defasagem cai para 28%, representando 0,72 na comparação, seguida pela construção civil com 20% de defasagem ou 0,80 na comparação. Por último – e apresentando a menor disparidade – aparece o setor de comércio com um *gap* de 17% ou 0,83 na análise comparativa.

Além das disparidades salariais entre mulheres negras e brancas, quando comparados os salários de admissão provenientes do CAGED/RAIS, observa-se ausência de comparação em quase 67% da amostra para indústria, construção civil e comércio e, na ordem de 56%, de ausência de dados para o setor de serviços, tendo em vista a inexistência de contratações de mulheres negras no período. É importante frisar, no entanto, que os dados disponíveis refletem as contratações realizadas nos últimos seis meses do ano de 2010, o que não captura os dados salariais dos que se encontravam empregados naquele momento.

Estatísticas robustas, com amostra mais expressiva em cada uma das alternativas de análise – estado da federação, faixa etária, setor, raça/cor, escolaridade e gênero – podem produzir reflexões ou ações mais amplas, direcionando esforços e atenção apropriados no campo das ações afirmativas. Discussões sobre cota racial ou cotas para gênero – à luz dos dados disponíveis – poderão se curvar às evidências, permitindo que uma atenção maior seja dada à porta de saída (condição de igualdade no mercado de trabalho), em vez dos holofotes apresentados em relação à porta de entrada (cota e condições diferenciadas de acesso).

Muito provavelmente, estados com economias mais fortes e competitivas tenderão a eliminar, no longo prazo – e pela lei natural de oferta e demanda – diferenças que ainda são observadas nas estatísticas oficiais. No contexto organizacional das empresas que operam nesses mercados, e que buscam o melhor do potencial humano, no entanto, esse momento já foi superado ou está muito próximo, ressalvado o *mind-set* ainda predominante discutido ao longo deste livro.

A Meritocracia, as Diferenças e o Merecimento

A igualdade de oportunidade também necessita ser relativizada quando estamos diante de diferentes competências, diferentes habilidades e diferentes condições de ou para competição, condições que não eliminam a discussão anterior sobre ações afirmativas, mas que vão além. A imagem de um processo seletivo justo para todos (Imagem 2) é sugerida em um *cartoon*, tendo em vista os participantes estarem sendo submetidos a um mesmo teste: subir em uma árvore. Um peixe, um cão, uma foca, um elefante, um pinguim, um macaco e um pássaro, perfilados, acompanham a orientação sobre a seleção (justa) a ser encaminhada. O processo seletivo irá, por certo, privilegiar o macaco e o pássaro, que – ainda assim – usarão abordagens diferentes para cumprimento da missão, da meta, do alvo ou do propósito do exame. Em um primeiro momento poderíamos considerar a lisura do processo, tendo em vista o direito à igualdade das regras e condiçções, mas não de oportunidade. Uma leitura ainda mais atenta, no entanto, nos levará ao critério escolhido para definição do merecimento, que certamente favorecerá um dos envolvidos.

Imagem 2

Imagem 2: Inequality: This post was inspired by a writing prompt on Tipsy Lit. There are so many people striving for equal rights, vocal and strident in their fight to be granted the same opportunities as others. Except we are not all the same, we are not born equal. Extraído de http://neverimitate.wordpress.com/2013/12/13/inequality/

    Regras, condições, fatores de avaliação, pré-requisitos, exigências de formação e de experiência, testes de aptidão e de conhecimentos, uma vez definidos e compartilhados, podem favorecer o equilíbrio em processos seletivos, mas podem – paradoxalmente – criar apenas uma falsa impressão de impessoalidade, de moralidade ou de eficiência. Quem criou as regras ou as condições do processo estaria tentando beneficiar alguém, mesmo sem perceber? Processos seletivos públicos, que não dependem do julgamento subjetivo[233], são justos e equitativos por possuirem as mesmas condições ou há interesses – de afiliação, de associação, de envolvimento – que determinam este ou aquela regra, este ou aquele requisito, esse ou aquele modo de julgar o merecimento?

    Um filho ou filha de um juiz, bem formado(a) e informado(a), conhece melhor as regras do jogo (democrático) de acesso do que tantos outros que não gozam da mesma proximidade? Poderia pai ou mãe influenciar – de forma lícita – o edital ou seu anúncio, as condições, a data da prova, a banca e o processo seletivo como um todo? Filhos de deputados ou de senadores, eleitos pelo voto popular, seriam naturalmente beneficiados pelo conhecimento dos trâmites, dos patrocínios, dos palanques e das conexões? Filhos de cantores, apresentadores ou artistas teriam vantagem competititiva pela relativa garantia de espaço, com ou sem talento? Seriam eles exemplos do nepotismo comum ou do nepotismo meritocrático? Relações pessoais, mas imbricações entre o público e o privado[234], conforme destaca Vânia Fernandes, viabilizariam com mais facilidade empréstimos, linhas de financiamento, investimento, recursos ou apoios institucionais das mais variadas ordens? Conexões e laços determinariam apoios e proteções recíprocos, como destaca Sergio Lazzarini?[235]

A Meritocracia, Cultura, Sociobiologia e Decisões Estratégicas

Como salientou Bellow, um oponente sagaz da meritocracia está depositado no DNA da espécie animal. Assim, as práticas tão condenadas em relação aos políticos e demais ocupantes de cargos públicos representam uma tentação importante no mundo privado, em suas mais variadas definições e formatos, com diferentes consequências no contexto organizacional. O instinto que levaria à proteção de parentes, amigos e correligionários encontraria eco, respaldo e ressonância na formação da cultura brasileira, conforme explorado por Holanda, DaMatta e Tanure. Deste modo, a meritocracia plena estaria distante do modo (natural) de ser brasileiro, de suas crenças, valores e costumes, quer por ação 'imposta' pelo DNA, quer pelos valores consolidados em determinada cultura. Vagas de livre provisão, função gratificada, assessores ou DAS, da cota deste ou daquele gestor ou partido político, preenchimento de posições-chave, entre tantas outras situações, acabam fugindo do cerco e das condições desejadas em processos que assegurem a igualdade de oportunidade.

"O Itamaraty é uma das instituições mais discriminatórias no Brasil."
JOAQUIM BARBOSA

É importante destacar que a gestão empresarial exige a tomada de decisão por vezes em curto espaço de tempo ou em condições que nem sempre permitem, autorizam ou estimulam o uso de práticas (simbolicamente) democráticas ou participativas, mesmo quando tais questões apresentam-se como parte dos valores dos gestores. Importante também salientar que as decisões que envolvem posições estratégicas seguem uma lógica que tenta combinar, mais do que em outras posições, um misto de competência e lealdade, com ênfase para o segundo termo. Talvez por essa razão a palavra meritocracia seja mais reverberada e propagada nos níveis inferiores, não sendo percebida em relatórios para integrantes da alta cúpula quando o tema trata das recompensas ou das formas de reconhecimento para diretores, vice-presidentes e presidentes.

No dia a dia dos gestores, em diversos níveis hierárquicos, mudanças são determinadas por afinidades e proximidades, além do reconhecimento da competência ou da possibilidade de agregação de valor. A maioria de nós (ou todos) prefere trabalhar com quem, além de reconhecida capacidade e experiência, demonstre aderência a valores, crenças, costumes ou mesmo a um determinado modo de ser. Aspectos exclusivamente técnicos – dissociados das questões pessoais – raramente estão presentes em processos seletivos. Não estou aqui me reportando a decisões protecionistas, mas sim ao desejo de se buscar ou manter determinado nível de harmonia no ambiente de trabalho, além de uma estreita relação de confiança.

"O sucesso é uma jornada, não um destino."

BEN SWEETLAND

Algumas organizações adotam procedimentos de divulgação de vagas e permissão – ou mesmo estímulo – para que pessoas participem de processos seletivos internos. Minha experiência mostra que muitos que fazem pleitos para que mais e mais vagas sejam colocadas abertamente em quadros de aviso ou na intranet desejam convidar pessoas, diretamente, quando as vagas pertencem a si próprios, agem como *headhunters* pelos corredores, principalmente se as vagas oportunizam melhorias salariais, de remuneração ou de *status*. Em muitos desses casos a busca de opções ocorre sem o envolvimento da área de Recursos Humanos, normalmente envolvida nesses casos.

Decisões que consideram um conjunto amplo de requisitos, tais como escolaridade, formação, experiência e certificações, ao mesmo tempo em que traços de personalidade, relações de confiança, indicação anterior ao plano de sucessão ou proximidade profissional devem ser anunciadas, nesse contexto, sem menção à meritocracia. O termo meritocracia não deveria ser apresentado como orientador do processo, por tudo o que fora nesta obra discutido. Tais decisões (podem e) devem, no entanto, ser apresentadas como fruto do interesse deste ou daquele gestor; desta ou daquela organização, considerando-se a autonomia necessária para decisão, as prerrogativas existentes, a necessidade e adequação dos critérios adotados.

> *"Pessimista é aquele que reclama do barulho quando a oportunidade bate à porta."*
>
> MICHEL LEVINE

Não adotar o termo meritocracia em um processo interno, que considerou um amplo leque de indicadores, não diminui a adequação do processo às necessidades da organização, ao contrário do que poderia ser destacado. O termo meritocracia, de uma forma geral, é percebido como possuidor de critério objetivo, impessoal, que permite a autoindicação ou que considera o conjunto dos empregados, o que dificilmente ocorre em organizações privadas com fins lucrativos. A palavra meritocracia não deveria – por tudo que exploramos – ser apresentada como promessa de isenção ou de objetividade, tendo em vista o fato de que decisões serão tomadas por um conjunto complexo de atributos, muitos dos quais sem controle direto pelo indivíduo. A promessa de impessoalidade em relação à mobilidade, contratação, premiações e afins não encontra eco nos programas ou nas ações das organizações, o que por si só não é ruim.

A palavra meritocracia poderia, por outro lado, ser usada em relação às condições de uma maratona, em que ganha o corredor que corta primeiro a linha de chegada. Trata-se de uma prova em que, havendo diferenças entre os gêneros masculino e feminino ou em relação a deficiências surgem diferentes grupos, tempos e critérios de classificações. Assim, os (mais) iguais competem entre si e não com todos os demais competidores, ainda que em uma mesma corrida; são diferentes pontos de partida ou diferentes pontos de chegada, diferentes desafios, para um mesmo meio ou fim. Embora não o façam, diversas modalidades poderiam utilizar o termo meritocracia em função do conteúdo objetivo dos critérios e do reconhecimento das diferentes condições entre os competidores em diferença a determinados alvos.

A Meritocracia Injusta, mas Desejável

Por tudo que exploramos aqui é possível afirmar que a meritocracia pode ser um esforço por processos de gestão (mais) igualitários e justos e, ao mesmo tempo, injustos, mas desejáveis. Pode ser algo com características distintivas ou apenas um modismo gerencial, pode ser a identificação de algo distinto de outras práticas de gestão ou, por outro lado, uma prática sem qualquer significado. Além de esforço, uma propaganda ou desejo genuíno de transformação; pode ser um discurso imposto pela governança corporativa – de dentro para fora – ou algo desejado pela organização, pode ser, por outro lado, uma proteção em ambientes ainda não consolidados em relação à governança corporativa, mas que possuem gestores com o desejo genuíno de transformação e de introdução de critérios alinhados com práticas que tragam mais impessoalidade, moralidade, transparência e eficiência.

Nesse contexto, algumas ações seriam justas e, ao mesmo tempo, injustas, mas desejáveis sob diferentes perspectivas, sob diferentes ângulos ou pontos de vista. Cada leitor pode ampliar essa lista de acordo com sua experiência e valores:

Conclusões (Provisórias e Parciais) sobre Meritocracia

Justa	Injusta	Desejável
Quando a organização define e divulga os grupos envolvidos em ações de recompensa e de reconhecimento e estabelece metas, regras, indicadores, métricas ou condições gerais de participação ou de inclusão;	Quando as metas, as regras, os indicadores, as métricas e as condições para recompensas ou ações de reconhecimento, embora conhecidos, privilegiam – de forma implícita ou explícita - determinados grupos;	Direcionadores e critérios conhecidos pelos empregados, funcionários, servidores, sociedade e demais *stakeholders*, conforme o caso;
Quando a organização estabelece e divulga critérios de concessão que consideram o impacto das ações individuais ou coletivas ou os alvos de remuneração (fixos e variáveis) necessários à atração, captação ou retenção;	Quando os critérios de concessão, embora comuns, não consideram o impacto das ações ou os alvos de remuneração ou, ainda, quando são sujeitos a diferentes interpretações e aplicações por parte dos gestores;	Direcionadores e critérios conhecidos pelos empregados, funcionários, servidores, sociedade e demais *stakeholders*, conforme o caso;
Quando a organização estabelece e divulga critérios de concessão associados aos objetivos estratégicos da organização, dos departamentos ou ao reforço dos valores organizacionais;	Quando os critérios de concessão, embora transparentes, não permitem que todos possam ser beneficiados;	Direcionadores e critérios conhecidos pelos empregados, funcionários, servidores, sociedade e demais *stakeholders*, conforme o caso.
Quando a organização estabelece e divulga critérios envolvendo recompensas e formas de reconhecimento direcionados ao desempenho individual quantificável e não quantificável;	Quando o desempenho se mistura com questões não meritocráticas, envolvendo preconceitos e preferências;	Direcionadores e critérios conhecidos pelos empregados, funcionários, servidores, sociedade e demais *stakeholders*, conforme o caso;

Cada leitor pode ainda destacar, em sua experiência profissional, situações específicas em que as diferentes formas de recompensa e de reconhecimento foram, ao mesmo tempo, justas e injustas, mas desejáveis. Dois exemplos podem ser aqui apresentados:

Justa	Injusta	Desejável
Quando a organização estabelece e divulga, em suas políticas ou programas, uma relação entre crescimento do salário e o desempenho individual qualitativo (comportamentos, atitudes em relação à organização, resultados de difícil quantificação);	Porque o desempenho, nessa perspectiva, se apresenta como algo potencialmente subjetivo e sujeito a diferentes interpretações, quando a visão sobre performance pode ser comprometida ou influenciada por estereótipos, quando o indivíduo não interfere no programa, metas e regras;	O não estabelecimento de distinções genuínas em função do desempenho pode criar ou reforçar o sentimento de que não há consequências positivas aos que se destacam. A igualdade de salário para desempenhos distintos pode também denotar uma situação injusta;
Quando a organização estabelece e divulga uma relação direta – ainda que baseada em variáveis potencialmente subjetivas – entre remuneração variável e resultados, sejam eles individuais, de equipes ou corporativos;	Porque pessoas possuem diferentes níveis de influência sobre processos ou sobre os resultados desses processos, porque salários diferentes produzem premiações diferentes, porque metas possuem diferentes graus de desafios, porque níveis hierárquicos maiores possuem alvos de remuneração também elevados;	O não estabelecimento de distinções entre desempenhos, sejam eles medidos de forma objetiva ou subjetiva, pode criar ou reforçar o sentimento de que não há consequências positivas aos que contribuem de forma mais expressiva aos negócios da organização, individual ou coletivamente; a não diferenciação cria uma sensação de injustiça.

A lei federal de transparência, as normas que determinam informações de remuneração à CVM ou o acesso das pessoas aos dados do CAGED são exemplos de situações que estimulam um repensar dos programas e ações voltados à gestão das diferentes formas de recompensar e de reconhecer no contexto organizacional. Governança corporativa, ações de responsabilidade social e auditorias, internamente, também são exemplos de estímulos para um repensar de diretrizes, práticas e procedimentos, também contribuindo para o aperfeiçoamento do processo de gestão de pessoas e, assim, do fortalecimento da meritocracia.

Recomendações para novos
estudos no campo da meritocracia

Muitas são as oportunidades de trabalho a partir das pesquisas e estudos destacados nesta obra. Uma delas, a de replicar os estudos de Castilla e Benard, segundo os quais a meritocracia é favorável ao gênero masculino e, no geral, às situações em que a transparência – também destacada pelos executivos entrevistados – se restringe ou privilegia aquilo que é naturalmente visível aos demais colaboradores, não contemplando decisões normalmente confidenciais, como premiações e bonificações. Ainda em relação aos referidos estudos, oportunidade também pode ser observada na relação entre meritocracia em relação aos negros, aos profissionais com mais de 45 anos e aos deficientes.

Outra oportunidade de pesquisa diz respeito às reflexões de Appold, segundo o qual a meritocracia estaria mais ajustada às organizações que produzem ou atuam em *commodities* do que as que se inserem mais intensamente na economia do conhecimento, na busca do desenvolvimento de tecnologias, na aplicação ou transformação do saber; que demandam maior interação e integração das pessoas em torno de desafios comuns. Uma terceira oportunidade seria buscar, em estudos de caso – nas organizações que explicitam a meritocracia – as características distintivas apresentadas neste trabalho, segundo a visão de gestores de outras áreas ou de outros níveis hierárquicos. Tal oportunidade se amplia com a visão de mulheres, negros, deficientes ou maiores de 45 anos, grupos para os quais a meritocracia não têm sido favorável, de acordo com o que sugeriram Castilla e Benard.

> *"Ninguém sente dor de cabeça quando está confortando alguém."*
>
> PROVÉRIO INDIANO

REFERÊNCIAS

ABBAGNANO, N. **Dicionário de filosofia.** 5. ed. S. Paulo: Martins Fontes, 2007.

ALEKSIEJUK, O. F. Avaliação de desempenho dos técnico-administrativos das universidades privadas: uma proposta metodológica. Tese de doutorado (Engenharia de Produção). Escola de Engenharia. Universidade Federal de Santa Catarina. Florianópolis, 2006.

ALLEN, A. Michael Young's The Rise of the Meritocracy: a philosophical critique. **British Journal of Educational Studies**, v. 59, n. 4, p.367-382, 2011.

_____. Life without the 'X' factor: meritocracy past and present. **Power and Education**, v. 4, n. 1, p. 4-19, 2012.

ALMEIDA, M. I. R.; TEIXEIRA, M. L. M.; MARTINELLI, D. P. Por que administrar estrategicamente recursos humanos? **Revista de Administração de Empresas,** v. 33, n. 2, p. 12-24, 1993.

ALON, S; TIENDA, M. Diversity, opportunity and shifting meritocracy in higher education. **American Sociological Review**. v. 72, n. 4, p. 487-511, 2007.

ALVES, M. A.; GALEÃO-SILVA, L. G. A crítica da gestão da diversidade nas organizações. **Revista de Administração de Empresas,** v. 44, n. 3, p. 20-29, 2004.

AMBEV. **Modelo reconhece os melhores talentos** [internet]. Brasil: AMBEV [acesso em 2011 Dez 02]; [1 tela]. Disponível em: **http://www.ambev.com.br/pt-br/a-ambev/ gente-e-gestao/remuneracao-e-beneficios**.

AMORIM, W. A. C.; FISCHER, A. L. Relações de trabalho, administração de recursos humanos e ambiente econômico e social no Brasil: uma visão geral sobre o período 1990-2012 (1ª Parte). **Informações FIPE** – Fundação Instituto de Pesquisas Econômicas, n. 387, p. 10-18, dez 2012.

APPOLD, S. J. Is meritocracy outmoded in a knowledge-based economy? **The Singapore Economic Review**, v. 46. n. 1, p. 17-48, 2009.

ARAÚJO, R. B. A revolução tecnocientífica e a distopia no imaginário ocidental. **Revista Brasileira de Ciência, Economia e Sociedade**, v. 2. n. 1, p. 2-11, 2011.

ARMSTRONG, M. **Employee reward:** people and organisations. 3. ed. London: Chartered Institute of Personnel Development, 2002.

_____. **A handbook of employee reward, management and practice**. 2. ed. Philadelphia, PA: Kogan Page, 2007.

_____ **Armstrong´s handbook of rewards management practice:** improving performance through reward. Philadelphia, PA: Kogan Page, 2010.

_____; BROWN, D. **Strategic reward:** make it happen. Philadelphia, PA: Kogan Page, 2006.

ARROW, K; BOWLES, S; DURLAUF, S. **Meritocracy and economic inequality**. Princeton, NJ: Princeton University Press, 2000.

ASSIS, M. T. **Gestão de Programas de Remuneração:** conceitos, aplicações e reflexões – visão generalista dos programas de remuneração. Rio de Janeiro: Qualitymark, 2011.

ASSIS, M. T. **Indicadores de Gestão de Recursos Humanos:** usando indicadores demográficos, financeiros e operacionais na gestão do capital humano. Rio de Janeiro: Qualitymark, 2ª. ed. 2012.

BACHARACH, S. B.; AIKEN, M. The impact of alienation, meaninglessness, and meritocracy on supervisor and subordinate satisfaction. **Social Forces**, v. 57, n. 3, p.853-870,1979.

BARBOSA, A. C. Q. Relações de trabalho e recursos humanos em busca de identidade. **Revista de Administração de Empresas**, ed. esp. Minas Gerais, v. 45, p. 121-126, 2005.

BARBOSA, L. Meritocracia à brasileira: o que é desempenho no Brasil? **Revista do Serviço Público**, v. 120, n. 3, p. 58-102, 1996.

_____. **Igualdade e meritocracia:** a ética do desempenho nas sociedades modernas. 4. ed. Rio de Janeiro: FGV, 2006.

BARLOW, J; MAUL, D. **Valor emocional:** criando fortes vínculos emocionais com seus clientes. São Paulo: Makron, 2001.

BARTON, G. M. **Recognition at work.** Scottsdale, AZ: World at Work, 2002.

BELCHER, J. G. **How to design & implement results-oriented variable pay system**. New York: Amacom – American Management Association, 1996.

BELLOW, A. **In praise of nepotism:** a natural history. New York: Doubleday, 2003.

BERGUE, S. T. The managerial reduction in the management technologies transposition process to public organizations. **Brazilian Administration Review**, v. 7, n. 2, 2010. On-line version.

BOAVA, D. L. T.; MACÊDO, F. M. F. Contribuições da Fenomenologia para os Estudos Organizacionais. In: Encontro de Estudos Organizacionais, 6. **Anais....** Florianópolis: ANPAD, 2010.

BOUDREAU, J. W.; RAMSTAD, P. M. **Beyond HR**: the new science of human capital. Boston: Harvard Business School Press, 2007.

BOUTILIER, R. Globalization and the careers of Mexican knowledge workers: an explanatory study of employer and worker adaptation. **Journal of Business Ethics**, v. 88, p. 319-333, 2009.

BRASIL. **Decreto-Lei N.º 5.452, DE 1º DE MAIO DE 1943**. [internet]. Brasil: PLANALTO [acesso em 2013 Jun 13]; [1 tela]. Disponível em: http://www.planalto.gov.br/ccivil_03/decreto-lei/del5452.htm.

BREEN, R.; GOLDTHORPE, J. Class, mobility and merit: the experience of two British cohorts. **European Sociological Review**, v. 17, n. 2, p. 81-101, 2001.

Referências

CAIRD, J.; ARANWELA, N. The successful implementation of reward and recognition practices at an insurance group in Australia. **Worldatwork Journal**, p. 73-84, 3rd. Quarter, 2008.

CALDAS, M. P.; WOOD JR., T. **Antropofagia** organizacional. **Revista de Administração de Empresas** (RAE), v. 38, n. 4, p. 6-17, 1998.

CARDOSO, E. Onde os funcionários apitam: com base em meritocracia, formação, estímulo ao diálogo e incentivo à criatividade, a ALL faz o turnaround da velha estatal ferroviária e alcança um desempenho invejável. Revista HSM Management, ed. especial, p. 102-103, março de 2011.

CASTILLA, E. J. Gender, race, and meritocracy in organizational careers. **American Journal of Sociology**, v. 113, n. 6, p. 1479-1526, 2008.

_____.; BENARD, S. The paradox of meritocracy in organizations. **Administrative Science Quarterly**, v. 55, n. 4, p. 543-576, 2010.

CAWLEY, J.; HECKMAN, J.; VYTLACIL, E. Meritocracy in America: wages within and across occupations. **Industrial Relations: a Journal of Economy and Society**, v. 38, n. 3, p. 250-296, 1998.

CELARENT, B. The Rise of the Meritocracy, 1870–2033 by Michael Young. **American Journal of Sociology**, v. 115, n. 1, p. 322-326, 2009.

CHANLAT, J.-F. Ciências sociais e management. **Revista de Administração** - FEAD, v. 3, n. 2, p. 9-17, 2006.

_____. Quais carreiras e para qual sociedade? **Revista de Administração de Empresas,** v. 35, n. 6, p. 67-75, 1995.

COIMBRA, C.; LEITÃO, M. B. S. Das essências às multiplicidades: especialismo psi e produções de subjetividades. **Psicologia e Sociedade**, v. 15, n. 2, p. 6-17, 2003.

COSTA, I. S. A.; SALLES, D. M. R.; FONTES FILHO, J. R. Influência das configurações organizacionais sobre valores no trabalho e preferência por recompensas. **Revista de Administração Pública** – RAP, v. 44, n. 6, p. 1429-1452, 2010.

CRESWELL, J. W. **Projeto de pesquisa**: métodos qualitativo, quantitativo e misto. Porto Alegre: Artmed, 2010.

DaMATTA, R. **Carnavais, malandros e heróis**: para uma sociologia do dilema brasileiro. 6. ed. Rio de Janeiro: Rocco,1997.

_____. Meritocracia e gestão do desempenho. Programa de aperfeiçoamento do servidor público. Governo do Estado de São Paulo, Secretaria de Gestão de Pessoas. 05/03/2012. **Vídeo** disponível em 08/03/2012 http://www.recursoshumanos.sp.gov.br/paprh/CursoMeritocracia-R.DaMatta.html

DANISH, R. Q.; USMAN, A. Impact of reward and recognition on job satisfaction and motivation: an empirical study from Pakistan. **International Journal of Business and Management**, v. 5, n. 2, p. 159-167, 2010.

DENGO, N. Universidade corporativa: modismo ou inovação. In: Encontro da Associação Nacional de Programas Pós-graduados em Administração, 26. **Anais...** Salvador: ANPAD, 2002.

DETRAN. **Meritocracia** [internet]. Brasil: DETRAN [acesso em 2012 Ago 12]; [1 tela]. Disponível em: http://www.detran.rj.gov.br/_monta_aplicacoes.asp?doc=74898cod=148tipo.

DIAS, P. A. S. O que querem os analistas de sistemas? Um estudo de caso sobre expectativas, identificações e vínculos com o trabalho e as organizações. Dissertação de Mestrado (Administração e Desenvolvimento Empresarial). Universidade Estácio de Sá (UNESA). Rio de Janeiro, 2008.

DIAS, C. G.; LOPES, F. T.; DALLA, W. D. Evolução dos recursos humanos nas empresas? Da retórica às práticas antigas com novas roupagens. In: Encontro da Associação Nacional dos Programas de Pós-graduação em Administração, 31. **Anais...** Rio de Janeiro: ANPAD, 2007.

DiMAGGIO, P. J. Culture and cognition. **Annual Review of Sociology,** v. 63, p. 263-287, 1997.

_____.; POWELL, W. W. A gaiola de ferro revisitada: isomorfismo institucional e racionalidade coletiva nos campos organizacionais. **Revista de Administração de Empresas,** v. 45, n. 2, p. 74-89, 2005.

EBOLI, M. P. Modernidade na gestão de bancos. **Revista de Administração,** v. 32, n. 3, p. 40-51, 1997.

ERICKSON, T.J., GRATTON, L. What means to work here? **Harvard Business Review,** v. 85, n. 3, p. 104-112, 2007.

EXAME.COM. **A lógica da grana na remuneração dos executivos brasileiros:** a remuneração dos executivos brasileiros está entre as mais altas do mundo. Com tanto dinheiro em jogo, renasce a dúvida: qual o jeito certo de pagar os funcionários? 08/06/2012. http://exame.abril.com.br/revista-exame/edicoes/1018 /noticias/a-logica-da-grana-na-remuneracao-dos-executivos-brasileiros.

DIAS, P. A. S. O que querem os analistas de sistemas? Um estudo de caso sobre expectativas, identificações e vínculos com o trabalho e as organizações. Dissertação de Mestrado (Administração e Desenvolvimento Empresarial). Universidade Estácio de Sá (UNESA). Rio de Janeiro, 2008.

FERNANDES, Vânia Claudia. A trajetória de uma instituição educacional entre o público e privado: a Fundação Getúlio Vargas. Dissertação de Mestrado (Faculdade de Educação). Universidade Federal do Rio de Janeiro (UFRJ). Rio de Janeiro, 2009.

FETZNER, M. A. P.; OLTRAMARI, A. P.; OLEA, P. M. Gestão do desempenho na administração pública: o caso da TI Governo. **Revista de Administração Contemporânea,** v. 14, n. 5, p. 968-982, 2010.

FISCHER, R. M. Pondo os pingos nos is sobre as relações de trabalho e políticas de administração de recursos humanos. In: FLEURY, M. T. L.; FISCHER, R. M. (org.). **Processos e relações de trabalho no Brasil.** São Paulo: Atlas, 1987, p. 18-50.

FITZ-ENZ, J. **Retorno do investimento em capital humano**: medindo o valor econômico do desempenho dos funcionários. São Paulo: Makron, 2001.

FLEURY, M. T. L.; FISCHER, R. M. Relações de trabalho e políticas de gestão: uma história das questões atuais. **Revista de Administração,** v. 27, n. 4, p. 5-15, 1992.

FLIPPO, E. B. **Princípios de administração de pessoal.** 2. ed. v.1. São Paulo: Atlas, 1973.

FLYNN, G. Is your recognition program understood? **Workforce,** v. 77, n. 7, p. 30-35, 1998.

FONSECA, J. C. F.; VIEIRA, C. E. C. Análise pluridisciplinar das situações de trabalho: para além da avaliação de desempenho dos trabalhadores do setor de saúde pública no estado de Minas Gerais. **Saúde e Sociedade,** v. 20, n. 2. p. 390-397, 2011.

FONTANINI, C. A. C. A Fenomenologia em pesquisas em administração. In: X CONGRESSO NACIONAL DE EDUCAÇÃO (EDUCERE) – I Seminário Internacional de Representações Sociais, Subjetividade e Educação (SIRSSE). **Anais....** p. 915-926. Curitiba, 2011.

FOSTER, M. D.; TSARFATI, M. The effects of meritocracy beliefs on women's well-being after first-time gender discrimination. **Society for Personality and Social Psychology**, v. 31, n. 12, p. 1730-1738, 2005.

FREITAS, L. C. Os reformadores empresariais da educação: da desmoralização do magistério à destruição do sistema público de educação. **Educação & Sociedade**, v. 33, n. 119, p. 379-404, 2012.

GALEFFI, D. A. O que é isto – A fenomenologia de Husserl. **Revista Ideação**, n. 5, p. 13-36, jan./jun. 2000.

GARAY, A. B. S. Voluntariado empresarial: modismo ou elemento estratégico? In: Encontro da Associação Nacional de Programas Pós-graduados em Administração, 25. **Anais...** Campinas: ANPAD, 2001.

GIL, A. C. **Métodos e técnicas de pesquisa social**. 5. ed. São Paulo: Atlas, 1999.

_____. **Gestão de pessoas:** enfoque nos papéis profissionais**.** São Paulo: Atlas, 2001.

GLAZER, N. **Affirmative discrimination:** ethnic inequality and public policy. Boston: Harvard University Press, 1987.

GOLDTHORPE, J. The myth of education-based meritocracy: why the theory isn't working. **New Economy,** v. 10, n. 4, p. 234-239, 2003.

GOMES, A. M. A. et al. Fenomenologia, humanização e promoção da saúde: uma proposta de articulação. **Saúde e Sociedade**, v. 17, n. 1, p. 143-152, 2008.

GONÇALVES, R. C.; LISBOA, T. K. Sobre o método de história oral em sua modalidade trajetórias de vida. **Katálysis**, v. 10, n. especial, p. 83-92, 2007.

HANASHIRO, D. M. M.; MARCONDES, R. C. A perspectiva de um sistema estratégico de recompensas para executivos: desafios e oportunidades. In: Encontro da Associação Nacional de Programas Pós-graduados em Administração, 26. **Anais...** Salvador: ANPAD, 2002.

HEIDEGGER, M. **Ser e tempo.** 6. ed. Petrópolis: Vozes, 1997.

HELAL, D. H. O papel da educação na sociedade e organizações modernas: críticas à meritocracia. In: Encontro da Associação Nacional dos Programas de Pós-Graduação em Administração, 30. **Anais...** Salvador: ANPAD, 2006.

_____. A dinâmica da estratificação social no setor público brasileiro: meritocracia ou reprodução social. Tese de doutorado (Sociologia). Faculdade de Filosofia e Ciências Humanas. Universidade Federal de Minas Gerais: Belo Horizonte, 2008.

_____; FERNANDES, D. C.; NEVES, J. A. B. **O acesso a cargos públicos no Brasil**: meritocracia ou reprodução social? In: Encontro da Associação Nacional dos Programas de Pós-Graduação em Administração, 32. **Anais...** Rio de Janeiro: ANPAD, 2008.

HENEMAN, R. L.; WERNER, J. M. **Merit pay:** linking pay to performance in a changing world. 2. ed. Greenwich, CT: Information Age, 2005.

HERRNSTEIN, R. J.; MURRAY, C. **The Bell curve:** the intelligence and class structure in American life. New York: The Free Press, 1994.

HERZBERG, F. One more time: how do you motivate employees? **Harvard Business Review**, v. 65, n. 5, p. 109-120, 1987.

HOFSTEDE, G. **Culture's consequences:** comparing values, behaviors, institutions and organizations across nations. 2. ed. Thousand Oaks, CA: Sage, 2001.

HOLANDA, S. B. **Raízes do Brasil**. 21. ed. Rio de Janeiro: José Olympio, 1989.

HUSELID, M. A. The impact of human resource management practices on turnover, productivity, and corporate financial performance. **Academy of Management Journal**, v. 38, n. 3, p. 635-672, 1995.

ITAÚ. É aqui que você pode mostrar para todo mundo onde você quer chegar [internet]. Brasil: Banco Itaú [acesso em 2011 Dez 12]. Disponível em: http://ww2.itau.com.br/carreira/geral/carreira.asp.

IVANCEVICH, J. M. **Gestão de recursos humanos**. 10. ed. São Paulo: McGraw-Hill, 2008.

JABBOUR, C. J. C. **As contribuições da gestão de recursos humanos para a gestão da evolução ambiental empresarial:** survey e estudo de múltiplos casos. Tese de doutorado (Engenharia de Produção). Escola de Engenharia. Universidade Federal de São Carlos. São Carlos, SP, 2007.

KRAUSE, T.; SLOMCZYNSKI. How far to meritocracy? Empirical tests of a controversial thesis. **Social Forces**, v. 63, n. 3, p. 623-642, 1985.

KOHN, A. **Punidos pelas recompensas**: os problemas acusados por prêmios de produtividade, planos de incentivos, remuneração variável, elogios, participação nos lucros e outras formas de suborno. São Paulo: Atlas, 1998.

KWATE, N. O. A.; MEYER, I. H. The myth of meritocracy and African American health. **American Journal of Public Health**, v. 100, n. 10, p. 1831-1834, 2010.

LAZZARINI, Sérgio Giovanetti. Capitalismo de laços: Os donos do Brasil e suas conexões. Rio de Janeiro: Elsevier. 2011.

LIGHT Energia. Relatório anual: responsabilidade socioambiental. 2009. Internet [Brasil]. [acesso em Mai 2013]. Disponível em: /#hl=pt-BR&gs_rn =12&gs_ ri=psyab&pq=%22light%22%20meritocracia&cp=10&gs_id=1f4&xhr=t&q=%22light%20 S%2FA%22%20meritocracia&es_nrs=true&pf=p&sclient=psy-ab&oq=%22light+S/ A%22+meritocracia&gs_l=&pbx=1&bav=on.2,or. r_qf.&fp=57f29c3228975131&biw=14 40&bih=735

LIMA, M. E. O. et al. Normas sociais e preconceito: o impacto da igualdade e da competição no preconceito automático contra os negros. **Psicologia e Reflexão Crítica**, v. 19, n. 2, p. 309-319, 2006.

LINS, J.; ROSA, R.; MOTTA, V. A meritocracia avança no Brasil: pesquisa da PricewaterhouseCoopers indica a gestão do desempenho como prática cada vez mais utilizada em grandes empresas no Brasil. **Revista Eletrônica PricewaterhouseCoopers**, Ano 1, n. 1, 2009. Disponível em: <http://www.pwc.com/pt_BR/br/estudos-pesquisas/ assets/artigo-bench.pdf.> Acesso em: 02 dez.2011.

LACOMBE, B. M. B.; CHU, R. A. Políticas e práticas de gestão de pessoas: as abordagens estratégica e institucional. **Revista de Administração de Empresas** (RAE), v. 48, n. 1, p. 23-35, 2008.

_____.; TONELLI, M. J. O discurso e a prática: o que nos dizem os especialistas e o que nos mostram as práticas das empresas sobre os modelos de gestão de recursos humanos. **Revista de Administração Contemporânea** (RAC), v. 5, n. 2, p.157-174, 2001.

LEAL, A. L. As multis ficaram para trás. **Revista EXAME**, especial Remuneração. Ano 46, n. 20, 17/10/2012.

LEAL, A. P.; SCHMITT, E. C. Recursos humanos e prática ideológica: estudo de caso numa organização multinacional. In: Encontro Nacional dos Programas de Pós-Graduação em Administração – ENANPAD, 22. **Anais....** Salvador: ANPAD, 2002.

LEMOS, D. Trabalho docente nas universidades federais: tensões e contradições. **Caderno CRH**, v. 28, n. esp. 1, p.105-120, 2011.

LOPEZ JUNIOR, F. G. A meritocracia possível. **Revista Sociedade e Estado**, v. 21, n. 3, p. 773-779, 2006.

MACIEL, F. B. **Trabalho e reconhecimento na modernidade periférica**: um estudo sobre ocupações moralmente desqualificadas em Campos dos Goytacazes. Dissertação de Mestrado (Políticas Sociais). Centro de Ciências do Homem, Universidade Estadual do Norte Fluminense Darcy Ribeiro (UENF). Campo dos Goytacazes, RJ, 2007.

_____. **Todo trabalho é digno?** Um ensaio sobre moralidade e reconhecimento na modernidade periférica. In: SOUZA, J. (org.) A invisibilidade da desigualdade brasileira. Belo Horizonte: Ed. UFMG, 2006, p. 285-322.

MACIEL, C. O.; CAMARGO, C.; AUGUSTO, P. O. M. Hierarquizando as práticas para uma avaliação positiva da função gestão de recursos humanos. In: Encontro da Associação Nacional dos Programas de Pós-Graduação em Administração, 35. **Anais...** Rio de Janeiro: ANPAD, 2012.

MARTINS, J.; BICUDO, M. A. V. **A pesquisa qualitativa em psicologia:** fundamentos e recursos básicos. S. Paulo: EDUC/Moraes, 1989.

MARTINS, G.; THEÓPHILO, C. **Metodologia da investigação científica para ciências sociais aplicadas.** 2. ed. São Paulo: Atlas, 2009.

MASINI, E. F. S. O enfoque fenomenológico de pesquisa em educação. In: FAZENDA, I. (org.) **Metodologia da pesquisa educacional.** S. Paulo: Cortez, 1989.

McCONNELL, C. R. **Umiker´s management skills**: for the new health care supervisor. 5. ed. Burlington, MA: Jones & Bartlett, 2010.

McCOY, B. S. K. Priming meritocracy and the psychological justification of inequality. **Journal of Experimental Social Psychology,** v. 43, n. 3, p. 341-351, 2007.

McGRAW, K. O. The detrimental effects of reward on performance: a literature review and a prediction model. In: LEPPER, M. R.; GREENE, D. (ed.). **The hidden costs of rewards:** new perspectives on the psychology of human motivation. Hillsdale, NJ: Erlbaum, 1978.

McMUNN, E. W. Awake or asleep? Political meddling results in erratic economic performance. **The Freeman – A Monthly Journal of Ideas on Liberty**, v. 28, n. 1, p.184-187, 1978.

MINAYO, M. C. S. **O desafio do conhecimento**: pesquisa qualitativa em saúde. São Paulo: Hucitec, 2010.

_____. Pesquisa em Administração: origens, uso e variantes do método fenomenológico. **Cadernos de Pós-graduação** (Especial RAI), v. 3, n 2, p. 225-237, 2004.

MOTTA, F. C. P.; ALCADIPANI, R.; BRESLER, R. B. A valorização do estrangeiro como segregação nas organizações. **Revista de Administração Contemporânea (RAC)**, ed. esp., p. 59-79, 2001.

MÜLLER, C. J. **Modelo de Gestão Integrando Planejamento Estratégico, Sistema de Avaliação de Desempenho e Gerenciamento de Processos**: MEIO – modelo de estratégia, indicadores e operações. Tese de doutorado (Engenharia de Produção e Transportes). Escola de Engenharia. Universidade Federal do Rio Grande do Sul: Porto Alegre, 2003.

NELSON, B.; ECONOMY, P. **The management Bible.** Addison, NJ: Wiley, 2005.

NOE, R. A. et al. **Human resources management:** gaining a competitive advantage. New York: McGraw-Hill, 2008.

NOGUEIRA, J. M. M. OLIVEIRA, L. G. L.; PINTO, F. R. A meritocracia no setor público: uma análise do Plano de Cargos e Carreiras do Poder Judiciário cearense In: Encontro da Associação Nacional dos Programas de Pós-Graduação em Administração, 21. **Anais...** Rio de Janeiro: ANPAD, 2007.

NOGUEIRA, C. M. M.; NOGUEIRA, M. A. A sociologia da educação de Pierre Bourdieu. **Revista Educação & Sociedade**, v. 23, n. 78. p. 15-36, 2002.

OLIVEIRA, M. B. A estratégia dos bônus: três pressupostos e uma consequência. **Revista Trabalho, Educação e Saúde**, v. 7, n. 3. p. 419-433, nov.2009/fev.2010.

OPPENHEIM, F. E. Igualdade. In: BOBBIO, N.; MATTEUCCI, N.; PASQUINO, G. (org.) **Dicionário de Política.** 12. ed. Brasília: Ed. Universidade de Brasília, v. 1, 2004.

ORAM, M.; WELLINS, R. **Re-engineering's missing ingredient**: the human factor. London: Institute of Personnel Development, 1995.

PACHECO, R. S. Mudanças no perfil dos dirigentes públicos no Brasil e desenvolvimento de competências de direção. In: Congreso Internacional del CLAD sobre la Reforma del Estado y de la Administración Pública, 7. **Anais...** Lisboa, Portugal, 2002.

PAAUWE, J. **HRM and performance:** achieving long term viability. Oxford, UK: Oxford University Press, 2004.

PASCHINI, S. **EstRHatégia**: alinhando cultura organizacional e estratégia de RH à estratégia de negócios. Rio de Janeiro: Qualitymark, 2006.

RANIERI, L. P.; BARREIRA, C. R. A. A entrevista fenomenológica. In: Seminário Internacional de Pesquisa e Estudos Qualitativos - SIPEQ, 4, **Anais...** Rio Claro, SP, 2010.

RÉGNIER, K. D. O que conta como mérito no processo de pré-seleção de gerentes e executivos no Brasil. **Caderno CRH**, v. 20, n. 49, p. 57-76, 2007.

REIS JÚNIOR, D. R.; PILATTI, L. A.; KAVALESKI, J. L. A influência da meritocracia na qualidade de vida dos colaboradores. In: Simpósio de Engenharia de Produção, 13. **Anais...** Bauru, 2006.

ROCHA-PINTO, S. R.; PEREIRA, C. S.; COUTINHO, M. T. C.; JOHAN, L. **Dimensões funcionais da gestão de pessoas**. São Paulo: FGV, 2009.

RODRIGUES, J. Remuneração e competências: retórica ou realidade? Revista de Administração de Empresas – RAE, ed. esp., p. 23-34, 2006.

RODRIGUES, P. H. M. Cultura, poder e meritocracia: uma análise simbólico-normativa na perspectiva de organizações militares brasileiras. **Revista UNIFA**, v.18, n. 21, p. 119-126, 2006.

RODRIGUES, W. A.; REIS NETO, M. T., A Influência das metas e recompensas na motivação: um estudo no setor público mineiro. In: Encontro da Associação Nacional dos Programas de Pós-graduação em Administração, 35. **Anais...** Rio de Janeiro: ANPAD, 2011.

ROESCH, S. M. A. **Projetos de estágio do curso de administração:** guia para pesquisas, projetos, estágios e trabalhos de conclusão de curso. São Paulo: Atlas, 1996.

SANDERS, P. Phenomenology: a new way of viewing organizational research. **Academy of Management Review,** v. 7, n. 3, p. 353-360, 1982.

SARAIVA, L. A. S.; COIMBRA, K. E. R.; FERREIRA. Relações de trabalho em empresas terceirizadas sob a ótica dos trabalhadores: um estudo multicasos no setor de mineração de Minas Gerais. In: Encontro da Associação Nacional dos Programas de Pós-graduação em Administração, 35. **Anais...** Rio de Janeiro: ANPAD, 2011.

SCHIEHLL, E.; MORISSETTE, R. Motivation, measurement and rewards from a performance evaluation perspective. **Revista de Administração Contemporânea - RAC**, v. 4, n. 3, p. 7-24, 2000.

SCHULER, R. S.; JACKSON, S. E. Linking competitive strategies with human resource management practices. **The Academy of Management Executive**, v. 1, n. 3, p. 207-219, 1987.

SEIDL, E. Elites militares, trajetórias e redefinições político-institucionais (1850-1930). **Revista Sociologia e Política.** v. 16, n. 30, p. 199-220, 2008.

SILVA, A. F. S.; GOMES, J. S. **Uma análise sobre a influência do aspecto cultural no desenho dos sistemas de controle de gestão**: estudos de caso. In: Encuentro da Asociación Española de Contabilidad e Administración de Empresas (AECA),14. **Anais...** Madrid: AECA, 2010.

SILVA, C. L. O.; TORRES, L. M. Gestão de recursos humanos: ser ou não ser estratégica, eis uma questão discursiva. In: Encontro de Gestão de Pessoas e Relações de Trabalho, 3. **Anais...** João Pessoa: ANPAD, 2011.

SILVA, M. M. Redes de relações sociais e acesso ao emprego entre os jovens: o discurso da meritocracia em questão. **Educação e Sociedade**, v. 31, n. 110, p. 243-260, 2010.

SILVEIRA, R. S.; FISCHER, C.; OLIVIER, M. A fenomenologia como método de pesquisa: uma análise a partir dos trabalhos publicados nos principais eventos e revistas nacionais em administração - 1997 a 2008. In: Encontro Nacional dos Programas Pós-Graduados em Administração – ENANPAD, 24. **Anais....** Brasília: ANPAD, 2005

SILVERMAN, M. **Non financial recognition:** the most effective of rewards? Brighton, UK: Institute for Employment Studies, p. 1-16, 2004. http://www.employment-studies.co.uk/pdflibrary/mp4.pdf

SOUZA, E. A. et al. Uma análise das características da aplicação do orçamento matricial como uma ferramenta gerencial: estudos de casos. In: Encontro da Associação Nacional dos Programas de Pós-graduação em Ciências Contábeis, 4. **Anais...** Florianópolis: ANPEC, 2010.

SOUZA, J. É preciso teoria para compreender o Brasil contemporâneo? Uma crítica a Luís Eduardo Soares. In: SOUZA, J. (org.) **A invisibilidade da desigualdade brasileira**. Belo Horizonte: Ed. UFMG, 2006, p. 117-152.

STREUBERT, H. J.; CARPENTER, D. R. **Qualitative research in nursing:** advancing the humanistic imperative. Philadelphia, PA: J. B. Lippincott, 1995.

SWIDLER, A. Culture in action: symbols and strategies. **Annual Review of Sociology,** v. 51, p. 273-286, 1986.

TANURE, B. **Gestão à brasileira:** uma comparação entre América Latina, Estados Unidos, Europa e Ásia. 2. ed. São Paulo: Atlas, 2010.

TATUM, B. D. Talking about race, learning about racism: the application of racial identity development theory in the classroom. **Harvard Educational Review,** v. 62, n. 1, p. 1-25, 1992.

THE ECONOMIST. Social mobility in America. Repairing the rungs on the ladder: How to prevent a virtuous meritocracy entrenching itself at the top. Artigo publicado em versão online em 09 Feb 2013. Acesso em 23/03/2013. http://www.economist.com/news/leaders/21571417-how-prevent-virtuous-meritocracy-entrenching-itself-top-repairing-rungs.

THEMELIS, S. Meritocracy through education and social mobility in post-war Britain: a critical examination. **British Journal of Sociology of Education,** v. 29, n. 5, p. 427-438, 2008.

THERNSTORM, S.; THERNSTORM, A. **America in black and white:** one nation indivisible. New York: Simon and Schuster, 1997.

TOLEDO PIZA, S. L. Empresa, educação e meritocracia. **Revista da Faculdade de Educação,** S. Paulo, v. 11, n. 1/2, p. 211-222, 1985.

TORRES, R. O neopentecostalismo e o novo espírito do capitalismo na modernidade periférica. **Perspectivas,** v. 32, p. 85-125, jul./dez. 2007.

TOWERS WATSON. **Pesquisa Global sobre Gestão de Talentos e Recompensas.** [internet]. Brasil: TOWERS [acesso em 2013 Jun 13]; [1 tela]. Disponível em: http://www.google.com.br/#sclient=psy-ab&q=Pesquisa+Global + sobre+GestC3%A3o+de+Talentos+e+Recompensas+2010&oq=Pesquisa+Global+sobre+Gest%C3%A3o+de+Talentos+e+Recompensas+2010&gs_l=serp.3...3953.4500.0.5578.5.4.0.0.0.0.359.1204.2-1j3.4.0...0.0...1c.1.17.psy-ab.MoBjIXtCDZA&pbx=1&bav=on.2,or.r_qf.&fp=4ce97b00ecb7d234&biw=1202&bih=594.

TONELLI, M. J.; CALDAS, M. P.; LACOMBE, B. M. B. Espelho, espelho meu: metaestudo da produção científica em Recursos Humanos nos ENANPADs da década de 90. In: Encontro Nacional da Associação dos Programas de Pós-graduação em Administração, 26. **Anais...**Salvador: ANPAD, 2002.

ULRICH, D. **Os campeões de recursos humanos**: inovando para obter os melhores resultados. 7. ed. São Paulo: Futura, 1998.

_____. et al. **A transformação do RH**: construindo os recursos humanos de fora para dentro. Porto Alegre: Bookman, 2011.

VALLE, I. R.; MIZUKI, G. E. P.; CASTRO, I. M. F. Democratizar, descentralizar, municipalizar: a expansão do ensino fundamental catarinense. **Cadernos de Pesquisa,** v. 34, n. 121, p. 187-212, 2004.

VARGAS, M. R. M. Configuração de poder nas organizações: o caso da Embrapa. **Revista Eletrônica de Administração Contemporânea,** v. 2, n. 3, p. 89-107, 1998.

VASCONCELOS, K. A.; SILVA, G. A. V. A. Aplicação estratégica da remuneração variável: conectando o sistema de recompensas ao *Balanced Scorecard.* In: Encontro da

Associação Nacional dos Programas de Pós-graduação em Administração, 31. **Anais...** Rio de Janeiro: ANPAD, 2007.

VERGARA, S. C. **Projetos e relatório de pesquisa em administração**. 11. ed. São Paulo: Atlas, 2009.

VROOM, V. H. **Work and motivation**. New York: John Wiley, 1964.

YIN, R. K. **Estudo de caso**: planejamento e métodos. 3. ed. Porto Alegre: Bookman, 2005.

YOUNG, M. **The rise of meritocracy**. New Brunswick, NJ: Transactions, 1994.

ZACARELLI, L. M.; VASCONCELOS, I. F. F. G.; MASCARENHAS, A. O.; MENEGON, L. F. Paradoxos culturais na gestão de pessoas - uma análise interpretativa do processo de mudança em uma multinacional. **Revista de Administração Contemporânea (RAC)** Eletrônica, v. 1, n. 3, art. 9, p. 143-157, 2007.

ZINGHEIM, P.K.; SCHUSTER, J. R. **High performance pay:** fast forward to business success. Washington, DC: Worldatwork, 2007.

CITAÇÕES E COMENTÁRIOS AO LONGO DO LIVRO

1 CRESWELL, J. W. **Projeto de pesquisa**: métodos qualitativo, quantitativo e misto. Porto Alegre: Artmed, 2010.

2 MINAYO, M. C. S. **O desafio do conhecimento**: pesquisa qualitativa em saúde. São Paulo: Hucitec, 2010.

3 GONÇALVES, R. C.; LISBOA, T. K. Sobre o método de história oral em sua modalidade trajetórias de vida. **Katálysis**, v. 10, n. especial, p. 83-92, 2007.

4 ANPAD: Associação Nacional dos Programas de Pós-Graduação em Administração.

5 APPOLD, S. J. Is meritocracy outmoded in a knowledge-based economy? **The Singapore Economic Review**, v. 46. n. 1, p. 17-48, 2009.

6 DiMAGGIO.; POWELL, W. W. A gaiola de ferro revisitada: isomorfismo institucional e racionalidade coletiva nos campos organizacionais. **Revista de Administração de Empresas**, v. 45, n. 2, p. 74-89, 2005.

7 OPPENHEIM, F. E. Igualdade. In: BOBBIO, N.; MATTEUCCI, N.; PASQUINO, G. (org.) **Dicionário de Política.** 12. ed. Brasília: Ed. Universidade de Brasília, v. 1, 2004.

8 AMORIM, W. A. C.; FISCHER, A. L. Relações de trabalho, administração de recursos humanos e ambiente econômico e social no Brasil: uma visão geral sobre o período 1990-2012 (1ª Parte). **Informações FIPE** – Fundação Instituto de Pesquisas Econômicas, n. 387, p. 10-18, dez 2012.

9 ARROW, K; BOWLES, S; DURLAUF, S. **Meritocracy and economic inequality**. Princeton, NJ: Princeton University Press, 2000.

10 Barbosa. **Igualdade e meritocracia:** a ética do desempenho nas sociedades modernas. 4. ed. Rio de Janeiro: FGV, 2006.

11 LINS, J.; ROSA, R.; MOTTA, V. A meritocracia avança no Brasil: pesquisa da PricewaterhouseCoopers indica a gestão do desempenho como prática cada vez mais utilizada em grandes empresas no Brasil. **Revista Eletrônica PricewaterhouseCoopers**, Ano 1, n. 1, 2009. Disponível em: <**http://www.pwc.com/pt_BR/br/estudos-pesquisas/assets/artigo-bench.pdf**.> Acesso em: 02 dez.2011.

12 BARBOSA, L. Meritocracia à brasileira: o que é desempenho no Brasil? **Revista do Serviço Público**, v. 120, n. 3, p. 58-102, 1996.

13 MACIEL, F. B. **Trabalho e reconhecimento na modernidade periférica**: um estudo sobre ocupações moralmente desqualificadas em Campos dos Goytacazes. Dissertação de Mestrado (Políticas Sociais). Centro de Ciências do Homem, Universidade Estadual do Norte Fluminense Darcy Ribeiro (UENF). Campo dos Goytacazes, RJ, 2007.

14 APPOLD, S. J. Is meritocracy outmoded in a knowledge-based economy? **The Singapore Economic Review**, v. 46. n. 1, p. 17-48, 2009.

15 LIMA, M. E. O. et al. Normas sociais e preconceito: o impacto da igualdade e da competição no preconceito automático contra os negros. Psicologia e Reflexão Crítica, v. 19, n. 2, p. 309-319, 2006.

16 CASTILLA, E. J.; BENARD, S. The paradox of meritocracy in organizations. **Administrative Science Quarterly**, v. 55, n. 4, p. 543-576, 2010.

17 BELLOW, A. **In praise of nepotism:** a natural history. New York: Doubleday, 2003.

18 Para aprofundamento do tema, consultar ASSIS, M. T. Indicadores de Gestão de Recursos Humanos: usando indicadores demográficos, financeiros e operacionais na gestão do capital humano. Rio de Janeiro: Qualitymark, 2ª. ed. 2012.

19 BARBOSA, L. Igualdade e meritocracia: a ética do desempenho nas sociedades modernas. 4. ed. Rio de Janeiro: FGV, 2006.

20 BARBOSA, L. Meritocracia à brasileira: o que é desempenho no Brasil? **Revista do Serviço Público**, v. 120, n. 3, p. 58-102, 1996.

21 SEIDL, E. Elites militares, trajetórias e redefinições político-institucionais (1850-1930). Revista Sociologia e Política. v. 16, n. 30, p. 199-220, 2008.

22 EnANPADs são encontros da ANPAD, Associação Nacional de Programas de Pós-Graduação em Administração. Os dados foram levantados no período compreendido entre 2001-2012.

23 HELAL, D. H.; FERNANDES, D. C.; NEVES, J. A. B. **O acesso a cargos públicos no Brasil**: meritocracia ou reprodução social? In: Encontro da Associação Nacional dos Programas de Pós-Graduação em Administração, 32. **Anais...** Rio de Janeiro: ANPAD, 2008.

24 HELAL, D. H. O papel da educação na sociedade e organizações modernas: críticas à meritocracia. In: Encontro da Associação Nacional dos Programas de Pós-Graduação em Administração, 30. **Anais...** Salvador: ANPAD, 2006.

25 NOGUEIRA, J. M. M. OLIVEIRA, L. G. L.; PINTO, F. R. A meritocracia no setor público: uma análise do Plano de Cargos e Carreiras do Poder Judiciário cearense In: Encontro da Associação Nacional dos Programas de Pós-Graduação em Administração, 21. **Anais...** Rio de Janeiro: ANPAD, 2007.

26 HANASHIRO, D. M. M.; MARCONDES, R. C. A perspectiva de um sistema estratégico de recompensas para executivos: desafios e oportunidades. In: Encontro da Associação Nacional de Programas Pós-graduados em Administração, 26. **Anais...** Salvador: ANPAD, 2002.

27 FETZNER, M. A. P.; OLTRAMARI, A. P.; OLEA, P. M. Gestão do desempenho na administração pública: o caso da TI Governo. **Revista de Administração Contemporânea,** v. 14, n. 5, p. 968-982, 2010.

28 www.scielo.com. Acesso realizado em 22/03/2013.

29 LOPEZ JUNIOR, F. G. A meritocracia possível. **Revista Sociedade e Estado**, v. 21, n. 3, p. 773-779, 2006.

30 SEIDL, E. Elites militares, trajetórias e redefinições político-institucionais (1850-1930). **Revista Sociologia e Política.** v. 16, n. 30, p. 199-220, 2008.

31 VARGAS, M. R. M. Configuração de poder nas organizações: o caso da Embrapa. **Revista Eletrônica de Administração Contemporânea**, v. 2, n. 3, p. 89-107, 1998; ALVES, M. A.; GALEÃO-SILVA, L. G. A crítica da gestão da diversidade nas organizações. **Revista de Administração de Empresas,** v. 44, n. 3, p. 20-29, 2004; RÉGNIER, K. D. O que conta como mérito no processo de pré-seleção de gerentes e executivos no Brasil. **Caderno CRH**, v. 20, n. 49, p. 57-76, 2007.

32 COIMBRA, C.; LEITÃO, M. B. S. Das essências às multiplicidades: especialismo psi e produções de subjetividades. **Psicologia e Sociedade**, v. 15, n. 2, p. 6-17, 2003; LIMA, M. E. O. et al. Normas sociais e preconceito: o impacto da igualdade e da competição no preconceito automático contra os negros. **Psicologia e Reflexão Crítica**, v. 19, n. 2, p. 309-319, 2006.

33 VALLE, I. R.; MIZUKI, G. E. P.; CASTRO, I. M. F. Democratizar, descentralizar, municipalizar: a expansão do ensino fundamental catarinense. **Cadernos de Pesquisa**, v. 34, n. 121, p. 187-212, 2004; LEMOS, D. Trabalho docente nas universidades federais: tensões e contradições. **Caderno CRH**, v. 28, n. esp. 1, p.105-120, 2011; SILVA, M. M. Redes de relações sociais e acesso ao emprego entre os jovens: o discurso da meritocracia em questão. **Educação e Sociedade**, v. 31, n. 110, p. 243-260, 2010; FREITAS, L. C. Os reformadores empresariais da educação: da desmoralização do magistério à destruição do sistema público de educação. **Educação & Sociedade**, v. 33, n. 119, p. 379-404, 2012.

34 ALVES, M. A.; GALEÃO-SILVA, L. G. A crítica da gestão da diversidade nas organizações. **Revista de Administração de Empresas,** v. 44, n. 3, p. 20-29, 2004.

35 VARGAS, M. R. M. Configuração de poder nas organizações: o caso da Embrapa. **Revista Eletrônica de Administração Contemporânea**, v. 2, n. 3, p. 89-107, 1998.

36 RÉGNIER, K. D. O que conta como mérito no processo de pré-seleção de gerentes e executivos no Brasil. **Caderno CRH**, v. 20, n. 49, p. 57-76, 2007.

37 OLIVEIRA, M. B. A estratégia dos bônus: três pressupostos e uma consequência. **Revista Trabalho, Educação e Saúde**, v. 7, n. 3. p. 419-433, nov.2009/fev.2010.

38 COSTA, I. S. A.; SALLES, D. M. R.; FONTES FILHO, J. R. Influência das configurações organizacionais sobre valores no trabalho e preferência por recompensas. **Revista de Administração Pública –** RAP, v. 44, n. 6, p. 1429-1452, 2010.

39 FONSECA, J. C. F.; VIEIRA, C. E. C. Análise pluridisciplinar das situações de trabalho: para além da avaliação de desempenho dos trabalhadores do setor de saúde pública no estado de Minas Gerais. **Saúde e Sociedade**, v. 20, n. 2. p. 390-397, 2011.

40 TANURE, B. **Gestão à brasileira:** uma comparação entre América Latina, Estados Unidos, Europa e Ásia. 2. ed. São Paulo: Atlas, 2010.

41 FREITAS, L. C. Os reformadores empresariais da educação: da desmoralização do magistério à destruição do sistema público de educação. **Educação & Sociedade**, v. 33, n. 119, p. 379-404, 2012.

42 SARAIVA, L. A. S.; COIMBRA, K. E. R.; FERREIRA. Relações de trabalho em empresas terceirizadas sob a ótica dos trabalhadores: um estudo multicasos no setor de mineração de Minas Gerais. In: Encontro da Associação Nacional dos Programas de Pós-graduação em Administração, 35. **Anais...** Rio de Janeiro: ANPAD, 2011.

43 COIMBRA, C.; LEITÃO, M. B. S. Das essências às multiplicidades: especialismo psi e produções de subjetividades. **Psicologia e Sociedade**, v. 15, n. 2, p. 6-17, 2003.

44 PASCHINI, S. **EstRHatégia**: alinhando cultura organizacional e estratégia de RH à estratégia de negócios. Rio de Janeiro: Qualitymark, **2006.**

45 LIMA, M. E. O. et al. Normas sociais e preconceito: o impacto da igualdade e da competição no preconceito automático contra os negros. **Psicologia e Reflexão Crítica**, v. 19, n. 2, p. 309-319, 2006.

46 SEIDL, E. Elites militares, trajetórias e redefinições político-institucionais (1850-1930)**. Revista Sociologia e Política.** v. 16, n. 30, p. 199-220, 2008.

47 VARGAS, M. R. M. Configuração de poder nas organizações: o caso da Embrapa. **Revista Eletrônica de Administração Contemporânea**, v. 2, n. 3, p. 89-107, 1998.

48 SILVA, A. F. S.; GOMES, J. S. **Uma análise sobre a influência do aspecto cultural no desenho dos sistemas de controle de gestão**: estudos de caso. In: Encontro da Asociación Española de Contabilidad e Administración de Empresas (AECA),14. **Anais...** Madrid: AECA, 2010.

49 SOUZA, E. A. et al. Uma análise das características da aplicação do orçamento matricial como uma ferramenta gerencial: estudos de casos. In: Encontro da Associação Nacional dos Programas de Pós-graduação em Ciências Contábeis, 4. **Anais...** Florianópolis: ANPEC, 2010.

50 KWATE, N. O. A.; MEYER, I. H. The myth of meritocracy and African American health. **American Journal of Public Health**, v. 100, n. 10, p. 1831-1834, 2010.

51 DaMATTA, R.. Meritocracia e gestão do desempenho. Programa de aperfeiçoamento do servidor público. Governo do Estado de São Paulo, Secretaria de Gestão de Pessoas. 05/03/2012. **Vídeo** disponível em 08/03/2012 http://www.recursoshumanos.sp.gov.br/paprh/CursoMeritocracia-R.DaMatta.html

52 LINS, J.; ROSA, R.; MOTTA, V. A meritocracia avança no Brasil: pesquisa da PricewaterhouseCoopers indica a gestão do desempenho como prática cada vez mais utilizada em grandes empresas no Brasil. **Revista Eletrônica PricewaterhouseCoopers**, Ano 1, n. 1, 2009. Disponível em: <http://www.pwc.com/pt_BR/br/estudos-pesquisas/assets/artigo-bench.pdf.> Acesso em: 02 dez.2011.

53 TOWERS WATSON. **Pesquisa Global sobre Gestão de Talentos e Recompensas.** [internet]. Brasil: TOWERS [acesso em 2013 Jun 13]; [1 tela]. Disponível em: http://www.google.com.br/#sclient=psy-ab&q=Pesquisa+Global+sobre+GestC3%A3o+de+Talentos+e+Recompensas+2010&oq=Pesquisa+Global+sobre+Gest%C3%A3o+de+Talentos+e+Recompensas+2010&gs_l=serp.3...3953.4500.0.5578.5.4.0.0.0.0.359.1204.2-1j3.4.0...0.0...1c.1.17.psy-ab.MoBjlXtCDZA&pbx=1&bav=on.2,or.r_qf.&fp=4ce97b00ecb7d234&biw=1202&bih=594.

54 BARBOSA, L. **Igualdade e meritocracia:** a ética do desempenho nas sociedades modernas. 4. ed. Rio de Janeiro: FGV, 2006.

55 CASTILLA, E. J. Gender, race, and meritocracy in organizational careers. **American Journal of Sociology**, v. 113, n. 6, p. 1479-1526, 2008.

56 CASTILLA, E. J.; BENARD, S. The paradox of meritocracy in organizations. **Administrative Science Quarterly**, v. 55, n. 4, p. 543-576, 2010.

57 Para informações sobre programas de mérito, guias para aumento salarial por mérito e sobre as teorias da equidade, expectativa e esforço, associadas ao referido programa, consultar ASSIS, Marcelino Tadeu de. **Gestão de Programas de Remuneração**: conceitos, aplicações e reflexões – visão generalista dos programas de remuneração. Qualitymark, 2011.

58 A expressão 'recompensas totais' aparece no livro em algumas oportunidades. De uma forma geral está associada ao conjunto de programas e ações voltados à remuneração direta (salário, bônus, ILP, ICP e benefícios), remuneração indireta (assistência médico-hospitalar, previdência privada, assistência alimentação ou refeição, entre outros), aprendizado, desenvolvimento (carreiras, desafios, oportunidades, treinamentos, ações de educação e de desenvolvimento) e ambiente de trabalho (comunicação transparente, orgulho do trabalho, aceitação dos gestores e afins). Pode também estar relacionada ao pacote de remuneração, que integra mecanismos de remuneração direta e indireta, legais e espontâneos, com as vantagens fiscais em função de benefícios diferenciados.

59 LEAL, A. L. As multis ficaram para trás. **Revista EXAME**, especial Remuneração. Ano 46, n. 20, 17/10/2012.

60 AMBEV. **Modelo reconhece os melhores talentos** [internet]. Brasil: AMBEV [acesso em 2011 Dez 02]; [1 tela]. Disponível em: http://www.ambev.com.br/pt-br/a-ambev/gente-e-gestao/remuneracao-e-beneficios.

61 ITAÚ. **É aqui que você pode mostrar para todo mundo onde você quer chegar [internet]. Brasil: Banco Itaú [acesso em 2011 Dez 12]. Disponível em: http://ww2.itau.com.br/carreira/geral/carreira.asp.**

62 DETRAN. **Meritocracia** [internet]. Brasil: DETRAN [acesso em 2012 Ago 12]; [1 tela]. Disponível em: http://www.detran.rj.gov.br/_monta_aplicacoes.asp?doc=74898cod=148tipo.

63 CARDOSO, E. Onde os funcionários apitam: com base em meritocracia, formação, estímulo ao diálogo e incentivo à criatividade, a ALL faz o turnaround da velha estatal ferroviária e alcança um desempenho invejável. Revista HSM Management, ed. especial, p. 102-103, março de 2011. P. 103.

Citações e Comentários ao Longo do Livro   147

64 LIGHT Energia. **Relatório anual: responsabilidade socioambiental**. 2009. Internet [Brasil]. [acesso em Mai 2013]. Disponível em: /#hl=pt-BR&gs_rn=12&gs_ri=psyab&pq=%22light%22%20 meritocracia&cp=10&gs_id=1f4&xhr=t&q=%22light%20S%2FA%22%20meritocracia&es_ nrs=true&pf=p&sclient=psy-ab&oq=%22light+S/A%22+meritocracia&gs_l=&pbx=1&bav=on.2,or. r_qf.&fp=57f29c3228975131&biw=1440&bih=735

65 Castilla E, J.; BENARD, S. The paradox of meritocracy in organizations. **Administrative Science Quarterly**, v. 55, n. 4, p. 543-576, 2010.

66 OPPENHEIM, F. E. Igualdade. In: BOBBIO, N.; MATTEUCCI, N.; PASQUINO, G. (org.) **Dicionário de Política**. 12. ed. Brasília: Ed. Universidade de Brasília, v. 1, 2004.

67 FISCHER, R. M. Pondo os pingos nos is sobre as relações de trabalho e políticas de administração de recursos humanos. In: FLEURY, M. T. L.; FISCHER, R. M. (org.). **Processos e relações de trabalho no Brasil**. São Paulo: Atlas, 1987, p. 18-50.

68 JABBOUR, C. J. C. **As contribuições da gestão de recursos humanos para a gestão da evolução ambiental empresarial**: survey e estudo de múltiplos casos. Tese de doutorado (Engenharia de Produção). Escola de Engenharia. Universidade Federal de São Carlos. São Carlos, SP, 2007. p. 30.

69 FLIPPO, E. B. **Princípios de administração de pessoal**. 2. ed. v.1. São Paulo: Atlas, 1973.

70 ROCHA-PINTO, S. R.; PEREIRA, C. S.; COUTINHO, M. T. C.; JOHAN, L. **Dimensões funcionais da gestão de pessoas**. São Paulo: FGV, 2009.

71 ULRICH, D. et al. **A transformação do RH**: construindo os recursos humanos de fora para dentro. Porto Alegre: Bookman, 2011.

72 BOUDREAU, J. W.; RAMSTAD, P. M. **Beyond HR**: the new science of human capital. Boston: Harvard Business School Press, 2007.

73 EBOLI, M. P. Modernidade na gestão de bancos. **Revista de Administração,** v. 32, n. 3, p. 40-51, 1997.

74 LACOMBE, B. M. B.; CHU, R. A. Políticas e práticas de gestão de pessoas: as abordagens estratégica e institucional. **Revista de Administração de Empresas** (RAE), v. 48, n. 1, p. 23-35, 2008.

75 DIAS, C. G.; LOPES, F. T.; DALLA, W. D. Evolução dos recursos humanos nas empresas? Da retórica às práticas antigas com novas roupagens. In: Encontro da Associação Nacional dos Programas de Pós-graduação em Administração, 31. **Anais...** Rio de Janeiro: ANPAD, 2007.

76 BARBOSA, A. C. Q. Relações de trabalho e recursos humanos em busca de identidade. **Revista de Administração de Empresas**, ed. esp. Minas Gerais, v. 45, p. 121-126, 2005.

77 LACOMBE, B. M. B.; CHU, R. A. Políticas e práticas de gestão de pessoas: as abordagens estratégica e institucional. **Revista de Administração de Empresas** (RAE), v. 48, n. 1, p. 23-35, 2008.

78 CALDAS, M. P.; WOOD JR., T. **Antropofagia** organizacional. **Revista de Administração de Empresas** (RAE), v. 38, n. 4, p. 6-17, 1998. p. 13.

79 BARBOSA, A. C. Q. Relações de trabalho e recursos humanos em busca de identidade. Revista de Administração de Empresas, ed. esp. Minas Gerais, v. 45, p. 121-126, 2005.

80 AMORIM, W. A. C.; FISCHER, A. L. Relações de trabalho, administração de recursos humanos e ambiente econômico e social no Brasil: uma visão geral sobre o período 1990-2012 (1ª Parte). **Informações FIPE** – Fundação Instituto de Pesquisas Econômicas, n. 387, p. 10-18, dez 2012.

81 CHANLAT, J.-F. Ciências sociais e management. **Revista de Administração** - FEAD, v. 3, n. 2, p. 9-17, 2006.

82 ZACARELLI, L. M.; VASCONCELOS, I. F. F. G.; MASCARENHAS, A. O.; MENEGON, L. F. Paradoxos culturais na gestão de pessoas - uma análise interpretativa do processo de mudança em uma multinacional. **Revista de Administração Contemporânea (RAC)** Eletrônica, v. 1, n. 3, art. 9, p. 143-157, 2007.

83 MOTTA, F. C. P.; ALCADIPANI, R.; BRESLER, R. B. A valorização do estrangeiro como segregação nas organizações. **Revista de Administração Contemporânea (RAC)**, ed. esp., p. 59-79, 2001.

84 DiMAGGIO, P. J. Culture and cognition. **Annual Review of Sociology,** v. 63, p. 263-287, 1997.

85 PAAUWE, J. **HRM and performance:** achieving long term viability. Oxford, UK: Oxford University Press, 2004.

86 ZACARELLI, L. M.; VASCONCELOS, I. F. F. G.; MASCARENHAS, A. O.; MENEGON, L. F. Paradoxos culturais na gestão de pessoas - uma análise interpretativa do processo de mudança em uma multinacional. **Revista de Administração Contemporânea (RAC)** Eletrônica, v. 1, n. 3, art. 9, p. 143-157, 2007.

87 TONELLI, M. J.; CALDAS, M. P.; LACOMBE, B. M. B. Espelho, espelho meu: metaestudo da produção científica em Recursos Humanos nos ENANPADs da década de 90. In: Encontro Nacional da Associação dos Programas de Pós-graduação em Administração, 26. **Anais...** Salvador: ANPAD, 2002.

88 MACIEL, C. O.; CAMARGO, C.; AUGUSTO, P. O. M. Hierarquizando as práticas para uma avaliação positiva da função gestão de recursos humanos. In: Encontro da Associação Nacional dos Programas de Pós-Graduação em Administração, 35. **Anais...** Rio de Janeiro: ANPAD, 2012.

89 LEAL, A. P.; SCHMITT, E. C. Recursos humanos e prática ideológica: estudo de caso numa organização multinacional. In: Encontro Nacional dos Programas de Pós-Graduação em Administração – ENANPAD, 22. **Anais....** Salvador: ANPAD, 2002.

90 ULRICH, D. et al. **A transformação do RH**: construindo os recursos humanos de fora para dentro. Porto Alegre: Bookman, 2011.

91 ULRICH, D. **Os campeões de recursos humanos**: inovando para obter os melhores resultados. 7. ed. São Paulo: Futura, 1998.

92 ULRICH, D. et al. **A transformação do RH**: construindo os recursos humanos de fora para dentro. Porto Alegre: Bookman, 2011.

93 ZACARELLI, L. M.; VASCONCELOS, I. F. F. G.; MASCARENHAS, A. O.; MENEGON, L. F. Paradoxos culturais na gestão de pessoas - uma análise interpretativa do processo de mudança em uma multinacional. **Revista de Administração Contemporânea (RAC)** Eletrônica, v. 1, n. 3, art. 9, p. 143-157, 2007.

94 SILVA, C. L. O.; TORRES, L. M. Gestão de recursos humanos: ser ou não ser estratégica, eis uma questão discursiva. In: Encontro de Gestão de Pessoas e Relações de Trabalho, 3. **Anais...** João Pessoa: ANPAD, 2011.

95 SILVA, C. L. O.; TORRES, L. M. Gestão de recursos humanos: ser ou não ser estratégica, eis uma questão discursiva. In: Encontro de Gestão de Pessoas e Relações de Trabalho, 3. **Anais...** João Pessoa: ANPAD, 2011.

96 ULRICH, D. et al. **A transformação do RH**: construindo os recursos humanos de fora para dentro. Porto Alegre: Bookman, 2011.

97 YOUNG, M. **The rise of meritocracy**. New Brunswick, NJ: Transactions, 1994.

98 ALLEN, A. Michael Young's The Rise of the Meritocracy: a philosophical critique. **British Journal of Educational Studies**, v. 59, n. 4, p.367-382, 2011.

99 CELARENT, B. The Rise of the Meritocracy, 1870–2033 by Michael Young. **American Journal of Sociology**, v. 115, n. 1, p. 322-326, 2009.

100 YOUNG, M. **The rise of meritocracy**. New Brunswick, NJ: Transactions, 1994. P. 66.

101 TOLEDO PIZA, S. L. Empresa, educação e meritocracia. **Revista da Faculdade de Educação**, S. Paulo, v. 11, n. 1/2, p. 211-222, 1985.

102 THE ECONOMIST. Social mobility in America. Repairing the rungs on the ladder: How to prevent a virtuous meritocracy entrenching itself at the top. Artigo publicado em versão online em 09

Feb 2013. Acesso em 23/03/2013. http://www.economist.com/news/leaders/21571417-how-prevent-virtuous-meritocracy-entrenching-itself-top-repairing-rungs.

103 ARAÚJO, R. B. A revolução tecnocientífica e a distopia no imaginário ocidental. **Revista Brasileira de Ciência, Economia e Sociedade**, v. 2. n. 1, p. 2-11, 2011.

104 CASTILLA, J. E.; BENARD, S. The paradox of meritocracy in organizations. **Administrative Science Quarterly**, v. 55, n. 4, p. 543-576, 2010.

105 ALLEN, A. Michael Young's The Rise of the Meritocracy: a philosophical critique. **British Journal of Educational Studies**, v. 59, n. 4, p.367-382, 2011. P. 368.

106 BARBOSA, L. Meritocracia à brasileira: o que é desempenho no Brasil? **Revista do Serviço Público**, v. 120, n. 3, p. 58-102, 1996.

107 ALLEN, A. Michael Young's The Rise of the Meritocracy: a philosophical critique. **British Journal of Educational Studies**, v. 59, n. 4, p.367-382, 2011. P. 367.

108 THE ECONOMIST. Social mobility in America. Repairing the rungs on the ladder: How to prevent a virtuous meritocracy entrenching itself at the top. Artigo publicado em versão online em 09 Feb 2013. Acesso em 23/03/2013. http://www.economist.com/news/leaders/21571417-how-prevent-virtuous-meritocracy-entrenching-itself-top-repairing-rungs.

109 APPOLD, S. J. Is meritocracy outmoded in a knowledge-based economy? **The Singapore Economic Review**, v. 46. n. 1, p. 17-48, 2009. P. 19.

110 ALLEN, A. Michael Young's The Rise of the Meritocracy: a philosophical critique. **British Journal of Educational Studies**, v. 59, n. 4, p.367-382, 2011. P. 368.

111 CASTILLA, J. E.; BENARD, S. The paradox of meritocracy in organizations. **Administrative Science Quarterly**, v. 55, n. 4, p. 543-576, 2010.

112 ALLEN, A. Michael Young's The Rise of the Meritocracy: a philosophical critique. **British Journal of Educational Studies**, v. 59, n. 4, p.367-382, 2011.

113 FOSTER, M. D.; TSARFATI, M. The effects of meritocracy beliefs on women's well-being after first-time gender discrimination. **Society for Personality and Social Psychology**, v. 31, n. 12, p. 1730-1738, 2005.

114 CASTILLA, J. E.; BENARD, S. The paradox of meritocracy in organizations. **Administrative Science Quarterly**, v. 55, n. 4, p. 543-576, 2010.

115 KRAUSE, T.; SLOMCZYNSKI. How far to meritocracy? Empirical tests of a controversial thesis. **Social Forces**, v. 63, n. 3, p. 623-642, 1985.

116 CAWLEY, J.; HECKMAN, J.; VYTLACIL, E. Meritocracy in America: wages within and across occupations. **Industrial Relations: a Journal of Economy and Society**, v. 38, n. 3, p. 250-296, 1998.

117 RODRIGUES, J. Remuneração e competências: retórica ou realidade? Revista de Administração de Empresas – RAE, ed. esp., p. 23-34, 2006.

118 KRAUSE, T.; SLOMCZYNSKI. How far to meritocracy? Empirical tests of a controversial thesis. **Social Forces**, v. 63, n. 3, p. 623-642, 1985.

119 BARBOSA, L. Meritocracia à brasileira: o que é desempenho no Brasil? **Revista do Serviço Público**, v. 120, n. 3, p. 58-102, 1996.

120 CASTILLA, J. E.; BENARD, S. The paradox of meritocracy in organizations. **Administrative Science Quarterly**, v. 55, n. 4, p. 543-576, 2010.

121 BARBOSA, L. Igualdade e meritocracia: a ética do desempenho nas sociedades modernas. 4. ed. Rio de Janeiro: FGV, 2006. P. 33.

122 ALLEN, A. Michael Young's The Rise of the Meritocracy: a philosophical critique. **British Journal of Educational Studies**, v. 59, n. 4, p.367-382, 2011.

123 RODRIGUES, J. Remuneração e competências: retórica ou realidade? Revista de Administração de Empresas – RAE, ed. esp., p. 23-34, 2006.

124 CELARENT, B. The Rise of the Meritocracy, 1870–2033 by Michael Young. **American Journal of Sociology**, v. 115, n. 1, p. 322-326, 2009.

125 HELAL, D. H. A dinâmica da estratificação social no setor público brasileiro: meritocracia ou reprodução social. Tese de doutorado (Sociologia). Faculdade de Filosofia e Ciências Humanas. Universidade Federal de Minas Gerais: Belo Horizonte, 2008.

126 LOPEZ JUNIOR, F. G. A meritocracia possível. **Revista Sociedade e Estado**, v. 21, n. 3, p. 773-779, 2006.

127 APPOLD, S. J. Is meritocracy outmoded in a knowledge-based economy? **The Singapore Economic Review**, v. 46. n. 1, p. 17-48, 2009. P. 28.

128 THE ECONOMIST. Social mobility in America. Repairing the rungs on the ladder: How to prevent a virtuous meritocracy entrenching itself at the top. Artigo publicado em versão online em 09 Feb 2013. Acesso em 23/03/2013. http://www.economist.com/news/leaders/21571417-how-prevent-virtuous-meritocracy-entrenching-itself-top-repairing-rungs.

129 FREITAS, L. C. Os reformadores empresariais da educação: da desmoralização do magistério à destruição do sistema público de educação. **Educação & Sociedade**, v. 33, n. 119, p. 379-404, 2012.

130 FOSTER, M. D.; TSARFATI, M. The effects of meritocracy beliefs on women's well-being after first-time gender discrimination. **Society for Personality and Social Psychology**, v. 31, n. 12, p. 1730-1738, 2005.

131 LIMA, M. E. O. et al. Normas sociais e preconceito: o impacto da igualdade e da competição no preconceito automático contra os negros. **Psicologia e Reflexão Crítica**, v. 19, n. 2, p. 309-319, 2006.

132 TATUM, B. D. Talking about race, learning about racism: the application of racial identity development theory in the classroom. **Harvard Educational Review**, v. 62, n. 1, p. 1-25, 1992.

133 KWATE, N. O. A.; MEYER, I. H. The myth of meritocracy and African American health. **American Journal of Public Health**, v. 100, n. 10, p. 1831-1834, 2010.

134 CELARENT, B. The Rise of the Meritocracy, 1870–2033 by Michael Young. **American Journal of Sociology**, v. 115, n. 1, p. 322-326, 2009.

135 CASTILLA, J. E.; BENARD, S. The paradox of meritocracy in organizations. **Administrative Science Quarterly**, v. 55, n. 4, p. 543-576, 2010.

136 LIMA, M. E. O. et al. Normas sociais e preconceito: o impacto da igualdade e da competição no preconceito automático contra os negros. **Psicologia e Reflexão Crítica**, v. 19, n. 2, p. 309-319, 2006.

137 FOSTER, M. D.; TSARFATI, M. The effects of meritocracy beliefs on women's well-being after first-time gender discrimination. **Society for Personality and Social Psychology**, v. 31, n. 12, p. 1730-1738, 2005.

138 FOSTER, M. D.; TSARFATI, M. The effects of meritocracy beliefs on women's well-being after first-time gender discrimination. **Society for Personality and Social Psychology**, v. 31, n. 12, p. 1730-1738, 2005.

139 A palavra promoção não é compreendida do mesmo modo em todas as organizações. Ainda que comumente esteja associada ao deslocamento de um empregado de um cargo para outro cargo com maior valor relativo interno – o que daria maior visibilidade externa, pode ser usada para reclassificação de um cargo, situação menos visível. A palavra pode, ainda, ser usada para deslocamentos laterais, alteração na titulação dos cargos ou progressão horizontal (ASSIS, M. T. Gestão de Programas de Remuneração: conceitos, aplicações e reflexões. Rio de Janeiro : Qualitymark. 2011).

140 CAWLEY, J.; HECKMAN, J.; VYTLACIL, E. Meritocracy in America: wages within and across occupations. **Industrial Relations: a Journal of Economy and Society**, v. 38, n. 3, p. 250-296, 1998.

Citações e Comentários ao Longo do Livro   151

141 HERRNSTEIN, R. J.; MURRAY, C. **The Bell curve:** the intelligence and class structure in American life. New York: The Free Press, 1994.

142 O reconhecimento do preconceito em relação aos negros, na saúde pública, e da necessidade de ações afirmativas e de apoio às mudanças, pode ser observado em http://bvsms.saude.gov.br/bvs/pop_negra/pdf/saudepopneg.pdf. Há registros, em outros estudos, de tempo de atendimento menor para negros em instituições públicas de saúde.

143 THE ECONOMIST. Social mobility in America. Repairing the rungs on the ladder: How to prevent a virtuous meritocracy entrenching itself at the top. Artigo publicado em versão online em 09 Feb 2013. Acesso em 23/03/2013. http://www.economist.com/news/leaders/21571417-how-prevent-virtuous-meritocracy-entrenching-itself-top-repairing-rungs.

144 THE ECONOMIST. Social mobility in America. Repairing the rungs on the ladder: How to prevent a virtuous meritocracy entrenching itself at the top. Artigo publicado em versão online em 09 Feb 2013. Acesso em 23/03/2013. http://www.economist.com/news/leaders/21571417-how-prevent-virtuous-meritocracy-entrenching-itself-top-repairing-rungs.

145 VALLE, I. R.; MIZUKI, G. E. P.; CASTRO, I. M. F. Democratizar, descentralizar, municipalizar: a expansão do ensino fundamental catarinense. **Cadernos de Pesquisa**, v. 34, n. 121, p. 187-212, 2004.

146 LOPEZ JUNIOR, F. G. A meritocracia possível. **Revista Sociedade e Estado**, v. 21, n. 3, p. 773-779, 2006.

147 BELLOW, A. **In praise of nepotism:** a natural history. New York: Doubleday, 2003.

148 LOPEZ JUNIOR, F. G. A meritocracia possível. **Revista Sociedade e Estado**, v. 21, n. 3, p. 773-779, 2006.

149 TANURE, B. **Gestão à brasileira:** uma comparação entre América Latina, Estados Unidos, Europa e Ásia. 2. ed. São Paulo: Atlas, 2010.

150 PACHECO, R. S. Mudanças no perfil dos dirigentes públicos no Brasil e desenvolvimento de competências de direção. In: Congreso Internacional del CLAD sobre la Reforma del Estado y de la Administración Pública, 7. **Anais...** Lisboa, Portugal, 2002.

151 HOFSTEDE, G. **Culture's consequences**: *comparing values, behaviors, institutions and organizations across nations*. 2. ed. Thousand Oaks, CA: Sage, 2001.

152 MACIEL, F. B. **Trabalho e reconhecimento na modernidade periférica**: um estudo sobre ocupações moralmente desqualificadas em Campos dos Goytacazes. Dissertação de Mestrado (Políticas Sociais). Centro de Ciências do Homem, Universidade Estadual do Norte Fluminense Darcy Ribeiro (UENF). Campo dos Goytacazes, RJ, 2007.

153 HOLANDA, S. B. **Raízes do Brasil**. 21. ed. Rio de Janeiro: José Olympio, 1989.

154 DaMATTA, R. Meritocracia e gestão do desempenho. Programa de aperfeiçoamento do servidor público. Governo do Estado de São Paulo, Secretaria de Gestão de Pessoas. 05/03/2012. **Vídeo** disponível em 08/03/2012 http://www.recursoshumanos.sp.gov.br/paprh/CursoMeritocracia-R.DaMatta.html

155 Texto publicado em "O compromisso das empresas com a promoção da igualdade racial", publicação do Instituto Ethos, em 2006 (p. 8-16).

156 GLAZER, N. **Affirmative discrimination:** ethnic inequality and public policy. Boston: Harvard University Press, 1987.

157 ALVES, M. A.; GALEÃO-SILVA, L. G. A crítica da gestão da diversidade nas organizações. **Revista de Administração de Empresas,** v. 44, n. 3, p. 20-29, 2004.

158 RODRIGUES, J. Remuneração e competências: retórica ou realidade? Revista de Administração de Empresas – RAE, ed. esp., p. 23-34, 2006.

159 FOSTER, M. D.; TSARFATI, M. The effects of meritocracy beliefs on women's well-being after first-time gender discrimination. **Society for Personality and Social Psychology**, v. 31, n. 12, p. 1730-1738, 2005.

160 ALON, S; TIENDA, M. Diversity, opportunity and shifting meritocracy in higher education. **American Sociological Review**. v. 72, n. 4, p. 487-511, 2007.

161 BARBOSA, Lívia. Igualdade e meritocracia: a ética do desempenho nas sociedades modernas. 4. ed. Rio de Janeiro: FGV, 2006.

162 RODRIGUES, J. Remuneração e competências: retórica ou realidade? Revista de Administração de Empresas – RAE, ed. esp., p. 23-34, 2006.

163 McCOY, B. S. K. Priming meritocracy and the psychological justification of inequality. **Journal of Experimental Social Psychology,** v. 43, n. 3, p. 341-351, 2007.

164 HENEMAN, R. L.; WERNER, J. M. **Merit pay:** linking pay to performance in a changing world. 2. ed. Greenwich, CT: Information Age, 2005.

165 NOE, R. A. et al. **Human resources management:** gaining a competitive advantage. New York: McGraw-Hill, 2008.

166 SARAIVA, L. A. S.; COIMBRA, K. E. R.; FERREIRA. Relações de trabalho em empresas terceirizadas sob a ótica dos trabalhadores: um estudo multicasos no setor de mineração de Minas Gerais. In: Encontro da Associação Nacional dos Programas de Pós-graduação em Administração, 35. **Anais...** Rio de Janeiro: ANPAD, 2011.

167 BACHARACH, S. B.; AIKEN, M. The impact of alienation, meaninglessness, and meritocracy on supervisor and subordinate satisfaction. **Social Forces**, v. 57, n. 3, p.853-870,1979.

168 Alguns autores sugerem que existem três teorias que explicariam a importância dos programas de remuneração pelo desempenho individual no contexto organizacional: teoria do reforço, teoria da expectativa e teoria da equidade. Para mais informações, consultar ASSIS, Marcelino Tadeu de. **Gestão de Programas de Remuneração**: conceitos, aplicações e reflexões – visão generalista dos programas de remuneração. Qualitymark. 2011.

169 BARBOSA, L. Igualdade e meritocracia: a ética do desempenho nas sociedades modernas. 4. ed. Rio de Janeiro: FGV, 2006.

170 LEAL, A. P.; SCHMITT, E. C. Recursos humanos e prática ideológica: estudo de caso numa organização multinacional. In: Encontro Nacional dos Programas de Pós-Graduação em Administração – ENANPAD, 22. **Anais....** Salvador: ANPAD, 2002.

171 LINS, J.; ROSA, R.; MOTTA, V. A meritocracia avança no Brasil: pesquisa da PricewaterhouseCoopers indica a gestão do desempenho como prática cada vez mais utilizada em grandes empresas no Brasil. **Revista Eletrônica PricewaterhouseCoopers**, Ano 1, n. 1, 2009. Disponível em: <http://www.pwc.com/pt_BR/br/estudos-pesquisas/assets/artigo-bench.pdf.> Acesso em: 02 dez.2011.

172 HENEMAN, R. L.; WERNER, J. M. **Merit pay:** linking pay to performance in a changing world. 2. ed. Greenwich, CT: Information Age, 2005.

173 CASTILLA, E. J. Gender, race, and meritocracy in organizational careers. **American Journal of Sociology**, v. 113, n. 6, p. 1479-1526, 2008.

174 BARBOSA, L. Meritocracia à brasileira: o que é desempenho no Brasil? **Revista do Serviço Público**, v. 120, n. 3, p. 58-102, 1996.

175 RÉGNIER, K. D. O que conta como mérito no processo de pré-seleção de gerentes e executivos no Brasil. **Caderno CRH**, v. 20, n. 49, p. 57-76, 2007.

176 ALON, S; TIENDA, M. Diversity, opportunity and shifting meritocracy in higher education. **American Sociological Review**. v. 72, n. 4, p. 487-511, 2007.

177 DiMAGGIO.; POWELL, W. W. A gaiola de ferro revisitada: isomorfismo institucional e racionalidade coletiva nos campos organizacionais. **Revista de Administração de Empresas**, v. 45, n. 2, p. 74-89, 2005.

178 SWIDLER, A. Culture in action: symbols and strategies. **Annual Review of Sociology,** v. 51, p. 273-286, 1986.

179 CASTILLA, J. E.; BENARD, S. The paradox of meritocracy in organizations. **Administrative Science Quarterly**, v. 55, n. 4, p. 543-576, 2010.

180 FOSTER, M. D.; TSARFATI, M. The effects of meritocracy beliefs on women's well-being after first-time gender discrimination. **Society for Personality and Social Psychology**, v. 31, n. 12, p. 1730-1738, 2005.

181 LIMA, M. E. O. et al. Normas sociais e preconceito: o impacto da igualdade e da competição no preconceito automático contra os negros. **Psicologia e Reflexão Crítica**, v. 19, n. 2, p. 309-319, 2006.

182 BARBOSA, L. **Igualdade e meritocracia:** a ética do desempenho nas sociedades modernas. 4. ed. Rio de Janeiro: FGV, 2006.

183 COIMBRA, C.; LEITÃO, M. B. S. Das essências às multiplicidades: especialismo psi e produções de subjetividades. **Psicologia e Sociedade**, v. 15, n. 2, p. 6-17, 2003.

184 TOLEDO PIZA, S. L. Empresa, educação e meritocracia. **Revista da Faculdade de Educação**, S. Paulo, v. 11, n. 1/2, p. 211-222, 1985.

185 LOPEZ JUNIOR, F. G. A meritocracia possível. **Revista Sociedade e Estado**, v. 21, n. 3, p. 773-779, 2006.

186 OPPENHEIM, F. E. Igualdade. In: BOBBIO, N.; MATTEUCCI, N.; PASQUINO, G. (org.) **Dicionário de Política.** 12. ed. Brasília: Ed. Universidade de Brasília, v. 1, 2004.

187 CAIRD, J.; ARANWELA, N. The successful implementation of reward and recognition practices at an insurance group in Australia. **Worldatwork Journal**, p. 73-84, 3rd. Quarter, 2008.

188 MÜLLER, C. J. **Modelo de Gestão Integrando Planejamento Estratégico, Sistema de Avaliação de Desempenho e Gerenciamento de Processos**: MEIO – modelo de estratégia, indicadores e operações. Tese de doutorado (Engenharia de Produção e Transportes). Escola de Engenharia. Universidade Federal do Rio Grande do Sul: Porto Alegre, 2003.

189 McMUNN, E. W. Awake or asleep? Political meddling results in erratic economic performance. **The Freeman – A Monthly Journal of Ideas on Liberty**, v. 28, n. 1, p.184-187, 1978.

190 DANISH, R. Q.; USMAN, A. Impact of reward and recognition on job satisfaction and motivation: an empirical study from Pakistan. **International Journal of Business and Management**, v. 5, n. 2, p. 159-167, 2010.

191 NELSON, B.; ECONOMY, P. **The management Bible.** Addison, NJ: Wiley, 2005.

192 ARMSTRONG, M. **Employee reward:** people and organisations. 3. ed. London: Chartered Institute of Personnel Development, 2002.

193 ERICKSON, T.J.; GRATTON, L. What means to work here? **Harvard Business Review**, v. 85, n. 3, p. 104-112, 2007.

194 FLYNN, G. Is your recognition program understood? **Workforce,** v. 77, n. 7, p. 30-35, 1998.

195 DANISH, R. Q.; USMAN, A. Impact of reward and recognition on job satisfaction and motivation: an empirical study from Pakistan. **International Journal of Business and Management**, v. 5, n. 2, p. 159-167, 2010.

196 HANASHIRO, D. M. M.; MARCONDES, R. C. A perspectiva de um sistema estratégico de recompensas para executivos: desafios e oportunidades. In: Encontro da Associação Nacional de Programas Pós-graduados em Administração, 26. **Anais...** Salvador: ANPAD, 2002.

197 McCONNELL, C. R. **Umiker's management skills**: for the new health care supervisor. 5. ed. Burlington, MA: Jones & Bartlett, 2010.

198 ARMSTRONG, M. **A handbook of employee reward, management and practice**. 2. ed. Philadelphia, PA: Kogan Page, 2007.

199 COSTA, I. S. A.; SALLES, D. M. R.; FONTES FILHO, J. R. Influência das configurações organizacionais sobre valores no trabalho e preferência por recompensas. **Revista de Administração Pública – RAP**, v. 44, n. 6, p. 1429-1452, 2010.

200 BARTON, G. M. **Recognition at work.** Scottsdale, AZ: World at Work, 2002.

201 HERZBERG, F. One more time: how do you motivate employees? **Harvard Business Review**, v. 65, n. 5, p. 109-120, 1987.

202 CAIRD, J.; ARANWELA, N. The successful implementation of reward and recognition practices at an insurance group in Australia. **Worldatwork Journal**, p. 73-84, 3rd. Quarter, 2008.

203 SILVERMAN, M. **Non financial recognition:** the most effective of rewards? Brighton, UK: Institute for Employment Studies, p. 1-16, 2004. http://www.employment-studies.co.uk/pdflibrary/mp4.pdf

204 BARLOW, J; MAUL, D. **Valor emocional:** criando fortes vínculos emocionais com seus clientes. São Paulo: Makron, 2001.

205 KOHN, A. **Punidos pelas recompensas**: os problemas acusados por prêmios de produtividade, planos de incentivos, remuneração variável, elogios, participação nos lucros e outras formas de suborno. São Paulo: Atlas, 1998.

206 HLL, E.; MORISSETTE, R. Motivation, measurement and rewards from a performance evaluation perspective. **Revista de Administração Contemporânea - RAC**, v. 4, n. 3, p. 7-24, 2000.

207 VROOM, V. H. **Work and motivation**. New York: John Wiley, 1964.

208 McMUNN, E. W. Awake or asleep? Political meddling results in erratic economic performance. **The Freeman – A Monthly Journal of Ideas on Liberty**, v. 28, n. 1, p.184-187, 1978.

209 McGRAW, K. O. The detrimental effects of reward on performance: a literature review and a prediction model. In: LEPPER, M. R.; GREENE, D. (ed.). **The hidden costs of rewards:** new perspectives on the psychology of human motivation. Hillsdale, NJ: Erlbaum, 1978.

210 ZINGHEIM, P.K.; SCHUSTER, J. R. **High performance pay:** fast forward to business success. Washington, DC: Worldatwork, 2007.

211 BELCHER, J. G. **How to design & implement results-oriented variable pay system**. New York: Amacom – American Management Association, 1996.

212 DANISH, R. Q.; USMAN, A. Impact of reward and recognition on job satisfaction and motivation: an empirical study from Pakistan. **International Journal of Business and Management**, v. 5, n. 2, p. 159-167, 2010.

213 DANISH, R. Q.; USMAN, A. Impact of reward and recognition on job satisfaction and motivation: an empirical study from Pakistan. **International Journal of Business and Management**, v. 5, n. 2, p. 159-167, 2010.

214 ARMSTRONG, M. **Employee reward:** people and organisations. 3. ed. London: Chartered Institute of Personnel Development, 2002.

215 RODRIGUES, W. A.; REIS NETO, M. T., A Influência das metas e recompensas na motivação: um estudo no setor público mineiro. In: Encontro da Associação Nacional dos Programas de Pós-graduação em Administração, 35. **Anais...** Rio de Janeiro: ANPAD, 2011.

216 ARMSTRONG, M. **Employee reward:** people and organisations. 3. ed. London: Chartered Institute of Personnel Development, 2002.

217 FITZ-ENZ, J. **Retorno do investimento em capital humano**: medindo o valor econômico do desempenho dos funcionários. São Paulo: Makron, 2001.

218 ALLEN, A. Michael Young's The Rise of the Meritocracy: a philosophical critique. **British Journal of Educational Studies**, v. 59, n. 4, p.367-382, 2011. P. 368.

219 Foram realizadas 11 entrevistas para que houvesse uma compreensão do tema meritocracia segundo visão de executivos com expressiva atuação no campo da gestão do capital humano.

Citações e Comentários ao Longo do Livro 155

220 Embora não tenha sido perguntada a idade dos envolvidos, este aparentou ser o mais experiente entre os entrevistados, inclusive em relação ao tempo dedicado à gestão de Recursos Humanos, área em que atua há pelo menos 35 anos. Na época em que teria ouvido, pela primeira vez, o termo meritocracia, o executivo integrava a área de RH de uma empresa com atuação global.

221 O termo 'entrega' é recorrente no linguajar de parte expressiva dos executivos entrevistados. Refere-se aos trabalhos realizados por determinados empregados, aos resultados por ele gerados, ao senso de compromisso e ao alinhamento com os objetivos e valores da organização. A entrega é o que se espera, tanto materialmente, como do ponto de vista simbólico. O termo permite um amplo leque de possibilidades, de acordo com as entrevistas realizadas e com o contexto em que foi apresentado.

222 O conceito de "recompensas totais" foi apresentado inicialmente por O´Neal (1998). Tem como premissa que uma organização deve promover ações em quatro quadrantes: remuneração direta (predominantemente envolvendo dinheiro, seja por meio de incentivos de curto prazo seja por incentivos financeiros de longo prazo. Inclui também alternativas de reconhecimento não financeiro), remuneração indireta (benefícios, vantagens e facilidades), aprendizado e desenvolvimento e ambiente de trabalho. Para o executivo entrevistado, meritocracia é dispor de um amplo leque para que os empregados percebam diferentes incentivos, financeiros e não financeiros, materiais e não materiais, percebidos externamente (aspectos transacionais) ou apenas – ou mais efetivamente – internamente (relacionais).

223 Em alguns momentos a palavra 'entrega' se aproxima de resultados observáveis, ao mesmo tempo em que desliza para a palavra 'esforço', que nem sempre se conecta com alcance de metas, resultados ou objetivos. O termo esforço, no entanto, considera de alguma forma o compromisso, o comprometimento do empregado e a busca por ações ou resultados que ampliem o valor da organização e de seus processos.

224 Para melhor compreensão das diferentes abordagens usadas no Brasil sobre pesquisas de clima, consultar ASSIS, Marcelino Tadeu de. Indicadores de **Gestão de Recursos Humanos:** Usando Indicadores demográficos, financeiros e operacionais na gestão do capital humano. Rio de Janeiro : Qualitymark. 2ª ed., 2012.

225 ASSIS, Marcelino Tadeu de. **Gestão de Programas de Remuneração**: conceitos, aplicações e reflexões – visão generalista dos programas de remuneração. Rio de Janeiro : Qualitymark, 2011.

226 Para mais informação sobre mecanismos formais de remuneração direta, fixa e variável, de curto e de longo prazo, além de programas de remuneração indireta (benefícios), consultar ASSIS, Marcelino Tadeu de. **Gestão de Programas de Remuneração**: conceitos, aplicações e reflexões – visão generalista dos programas de remuneração (Qualitymark, 2011).

227 O termo autofinanciamento é uma característica dos incentivos financeiros de curto prazo, uma vez que os resultados gerados pelos empregados ou pela organização, como um todo, financiam as premiações.

228 Não se observa, na literatura, uma definição consagrada de benefícios, o que permite que o termo esteja associado aos benefícios sociais (saúde, transporte, alimentação e previdência), aos benefícios vinculados a determinadas posições, como ocorre com veículos, ou mesmo o que poderia ser chamado de benefícios financeiros ou de suporte financeiro.

229 Não se observa, na literatura, uma definição consagrada de 'benefícios', o que permite que o termo esteja associado aos benefícios sociais (saúde, transporte, alimentação e previdência), aos benefícios vinculados a determinadas posições, como ocorre com veículos, ou mesmo o que poderia ser chamado de benefícios financeiros ou de suporte financeiro.

230 Como pôde ser verificado pela ausência de artigos científicos, teses e dissertações sobre a meritocracia no contexto organizacional, considerando-se as fontes citadas.

231 Faço aqui uma alusão às teorias X e Y de Douglas McGregor, tentando oferecer ao leitor uma designação relativamente isenta sobre cada um dos contructos.

232 PRADO, Juliana. Busca por diversidade tem poucos resultados no Google". Rio de Janeiro. Jornal O GLOBO, 2a. ed. 30/05/2014.

233 Processos seletivos para professor de instituições públicas de nível superior, quando apoiados também em provas de aula, se valem de julgamento subjetivo em que, em diversas situações, estão presentes ex-alunos e professores ou pares em outras instituições de ensino. Relações pessoais criam certa desigualdade para julgamento com potencial de favorecimento.

234 FERNANDES, Vânia Claudia. A trajetória de uma instituição educacional entre o público e privado: a Fundação Getúlio Vargas. Dissertação de Mestrado (Faculdade de Educação). Universidade Federal do Rio de Janeiro (UFRJ). Rio de Janeiro, 2009.

235 LAZZARINI, Sérgio Giovanetti. Capitalismo de laços: Os donos do Brasil e suas conexões. Rio de Janeiro: Elsevier. 2011.

QUALITYMARK EDITORA

Entre em sintonia com o mundo

Quality Phone:
0800-0263311
ligação gratuita

Qualitymark Editora
Rua Teixeira Júnior, 441 - São Cristóvão
20921-405 - Rio de Janeiro - RJ
Tel.: (21) 3295-9800
Fax: (21) 3295-9824
www.qualitymark.com.br
e-mail: quality@qualitymark.com.br

Dados Técnicos:

• Formato:	14 x 21 cm
• Mancha:	11 x 18 cm
• Fonte:	Optima
• Corpo:	11
• Entrelinha:	13
• Total de Páginas:	196
• 1ª Edição:	2014